临淄成语典故

上

《临淄成语典故》编纂委员会 编

齊魯書社

《临淄成语典故》编纂委员会

《临淄成语典故》编审人员

主　　审　王克林

主　　编　毕国鹏

副 主 编　邵家朋　邵　杰　姜　健　朱代训

编　　辑　韩雷声　吕祥森　曹　建　吴凤霞
　　　　　王冠祥

正文绘图　朱代训

封面绘图　朱代训

校　　对　路金赛　张　帅

序 言

成语是中华民族语言的精华、炎黄子孙智慧的结晶，是对华夏悠久历史和灿烂文化的浓缩和提炼，不仅简短精辟、易记易用，而且富含深刻的思想内涵，在表情达意、传递语言信息等方面起着十分重要的作用，堪称中华文化的瑰宝。

临淄是齐文化的发祥地，曾作为齐国都城长达800余年。悠久的历史不仅造就了大批名人，形成了众多名篇巨著，留下了丰厚的文化遗存，也流传了许多脍炙人口的成语典故。2009年，临淄成语典故被省政府列入省级非物质文化遗产名录。

临淄成语典故作为浓缩的历史、文化的“活化石”，在发生和传承的过程中滋养了一代又一代临淄人。据考证，与齐国齐地有关的成语典故有近千条，源于齐都临淄的就有一百多条，从内容上大体可分为四类：一是直接反映历史事实和社会风貌的，如“泱泱大风”、“比肩继踵”、“挥汗成雨”等；二是反映齐人品德风范的，如“秉笔直书”、“嗟来之食”、“一鸣惊人”等；三是反映齐人思想理念的，如“平易近人”、“以民为本”、“十年树木，百年树人”等；四是反映齐人聪明才智的，如“老马识途”、“围魏救赵”等。这些成语典故多角度、全方位地展现了齐文化的独特魅力，使用频率高，应用范围广，是言志、寄情、醒世、励人、箴规的经典之作，直到今天，仍以强大的生命力和历史穿透力影响着社会。

《临淄成语典故》收集成语典故一百多个，通过将精练的文字、生动的故事、新颖的版式、精美的图片等多种要素有机结合，再现了千百年来产生的众多临淄成语典故，使读者在欣赏艺术之美的同时，更好地理解临淄成语典故的深刻内涵。相信《临淄成语典故》在宣传临淄、扩大齐文化影响力、促进精神文明建设等方面必将起到积极的推动作用。希望广大文化工作者创造出更多的优秀作品，让齐文化这朵民族文化宝库中的奇葩，绽放得更加绚丽多彩。

是为序。

中共临淄区委书记
区人大常委会主任
毕荣青

中共临淄区委副书记
区人民政府区长
宋振波

2011年9月

目　录

下　册

临淄成语典故

安步当车

【解释】安：安详，从容。当：当做。意思是以从容的步行代替乘车。

【出处】《战国策·齐策四》：“斶(chù)愿得归，晚食以当肉，安步以当车，无罪以当贵，清静贞正以自虞。”

返璞归真

【解释】返：回归。璞(pú)：璞玉，没有加工的玉石。真：本来，原始状态。意思是去除外饰，回复真朴的本质。

【出处】《战国策·齐策四》：“斶知足矣，归真反（通‘返’）璞，则终身不辱。”

1．士，通常是对知识分子的尊称，颜斶就是战国时齐国的高士。一次，齐宣王召见颜斶，对他说："颜斶，到前面来！"颜斶说："大王，你到前面来！"宣王很不高兴，说："我是君主，你是臣子，你怎么让我到你面前来？"颜斶说："我到你跟前是倾慕权势，而你到我面前来是礼贤下士。与其我倾慕权势，不如大王你礼贤下士。"

2. 齐宣王生气地问："是王高贵，还是士高贵？"颜斶回答："士高贵，王不高贵！过去秦国攻打齐国，曾下令说：'有敢去柳下季坟墓五十步以内打柴的，杀无赦！'同时又下令说：'能得到齐王头颅的，封万户侯，赐金千镒（yì，古代重量单位）。'由此看来，活着的国王的头，还不如死去的士的坟墓贵重呢！"

3. 接着，颜斶向齐宣王讲述了尧、舜、禹、汤及周文王推举贤士的事迹，又论证了“贫贱为高贵之根本”的道理。齐宣王说：“现在我明白了，不尊重士是不对的。希望您收下我这个学生，我将以上等的宴席招待您，给您配备高级车马，赐给您的家人华贵的衣服。”

4．颜斶说："璞玉生在深山中，经过玉匠加工以后成为玉器，其价值很高，然而它本来的面貌已不复存在了。士生于偏僻的乡野，经过推举选拔而被任用，享有禄位，他也很尊贵、很显赫，可是他的精神本质已经被伤害，不再是原来的自己了。"

5．颜斶接着说：“我希望回到我的家乡，每天晚一点吃饭，就会像吃肉那样香，悠闲散步当做乘车，安分守法、清静纯洁地来过我自己的生活。现在，我的意思已经向您表达清楚了，希望您允许我平安回家。”

6. 得到应允后，颜蠋辞别齐宣王，步行回到家，依旧过着纯真朴素的生活，终生保持着士的本色。

（邵家朋）

白虹贯日

【解释】虹：日光通过云层中的小水珠时经折射所形成的光圈。贯：穿透。意思是白色的长虹穿过太阳。古代人认为人间有非同寻常的事情发生时，就会出现上述这种天象变化。实际上这不是虹而是晕，是一种大气光学现象。

【出处】《史记·鲁仲连邹阳列传》：“昔者荆轲慕燕丹之义，白虹贯日，太子畏之；卫先生为秦画长平之事，太白蚀昴（mǎo，星名，二十八宿之一），而昭王疑之。夫精变天地而信不喻两主，岂不哀哉！”

1. 邹阳是临淄人，是西汉前期散文家的代表。他曾做过吴王刘濞的门客，后来，刘濞要谋反，他极力劝阻，但是刘濞不听，无奈之下，他离开刘濞来到了梁国，与公孙诡、羊胜等人一起成为梁孝王的座上客。

2. 邹阳才华横溢，但是他忠诚耿直，不攀附权贵，遭到了公孙诡、羊胜等人的嫉恨。邹阳受诬陷被捕入狱。

3．为了洗雪冤屈，邹阳在狱中写了《上梁王书》。信中说：“一直以来，我以为忠心不会得不到报答，诚实不会遭到怀疑，现在看来，这些都是空话。从前荆轲仰慕燕太子丹的义气，以致感动了上天，出现了白虹横贯太阳的景象，太子丹却不放心他。现在我也遭到了诬陷，希望大王深思明察。”

4．邹阳信中还列举了自古以来忠臣遭受小人所害的事实，表明了自己对梁孝王的忠心。这封信辞藻华丽，情真意切，气势恢弘，梁孝王看后深受感动，当即将邹阳释放，并将他尊为上客。

5．邹阳死后，归葬故里临淄。今淄博市临淄区辛店街道办事处辛店街村有一座青石残碑，中间镌刻“汉邹阳故里”五个大字，为清朝咸丰年间临淄县令邹崇孟所立。

（邵家朋）

百家争鸣

【解释】百家：持各种观点的人或各种学术派别。鸣：发表见解。百家争鸣是指春秋战国时期知识分子中不同学派的涌现及各流派争芳斗艳的局面。战国时期，齐都临淄的稷下学宫就是百家荟萃、争鸣论战的场所。现指各种学术流派的自由争论和互相批评，也指不同意见的争论。

【出处】《汉书·艺文志》："凡诸子百八十九家……皆起于王道既微，诸侯力政，时君世主，好恶殊方，是以九家之术蜂出并作，各引一端，崇其所善，以此驰说，取合诸侯。"

1．齐国历来非常尊重人才，从齐桓公田午时期开始，就在稷门附近建立了专门用于士人讲学与辩论的学宫，称稷下学宫。

2．齐宣王即位以后，更是尊贤礼士，大力振兴稷下学宫。

3. 齐宣王在政治上给稷下学者以相当高的地位，赐予“上大夫”的名号，在经济上给他们丰厚的待遇，让他们衣食无忧，自由地进行学术讨论。

4. 凡是来到稷下学宫的学者，齐宣王都要亲自召见，通过问答，对他们的学术水平、社会名望、带徒多少、资历深浅等情况进行了解，根据他们的才能授予不同的等级和称号，让他们享受不同的待遇。

5. 当时，邹衍、淳于髡、田骈(pián)、接子、慎到、环渊等七十六人都被封为“上大夫”，风光一时。例如，号称“稷下之冠”的淳于髡有功于齐，被封为上卿，又被赐予很多黄金和车马，享受很高的政治和生活待遇。

6. 孟子（战国时期儒家的著名代表，后世称其为“亚圣”）在齐国先后逗留了近十年，齐宣王以“养弟子以万钟”为条件来挽留孟子，并将他列为客卿。孟子出门时带着十多辆车，后面有一百多人跟从。

7. 田骈是战国时期齐国著名的思想家，他善于辩论，人称“天口骈”，曾经在稷下学宫讲学。

8. 虽然田骈不想入仕途为官，一心只求为百姓出力，齐宣王却给他很多粮食和仆役。由此可见，稷下先生的地位是非常高的，俸禄也是非常优厚的。

9. 齐宣王还为稷下先生们建造了豪华的宅第，处处尊崇他们。这样一来，天下的贤士纷纷投奔到了齐国。

10．当时的齐国，儒家、道家、名家、法家、墨家、阴阳家、小说家、纵横家、兵家、农家等学派林立。

11．各派的代表人物围绕着天人、王霸、义利等时代课题各抒己见、相互问难、互融互长、共同发展，出现了百家争鸣的盛况。

（邵杰）

比肩而立

【解释】比：并列。肩并肩地站立。形容相互间靠得很近。

【出处】《战国策·齐策三》：“寡人闻之，千里而一士，是比肩而立。”

接踵而至

【解释】踵（zhǒng）：脚后跟。接踵：脚步紧相连接。指人们前脚跟着后脚相继而来，形容来的人很多，络绎不绝。

【出处】《战国策·齐策三》：“百世而一圣，若随踵而至也。”

物以类聚

【解释】意思是各种东西是按照种类聚集在一起的。后指思想、性格或者爱好相同的人经常在一起。

【出处】《战国策·齐策三》：“夫鸟同翼者而聚居，兽同足者而俱行。今求柴葫、桔梗于沮泽，则累世不得一焉。及之睪黍、梁父之阴，则郄（xì）车而载耳。夫物各有畴，今髡贤者之畴也。”

1. 齐国的名士淳于髡(kūn)身材矮小，却很有学问，足智多谋，口才很好。

2. 齐宣王想招聘贤士，淳于髡在一天之内就向他推荐了七个人。齐宣王说：“人才太难得了。每隔一千里出一个人才，就好像是两个人才肩并肩站在一起；每隔一百年出一个人才，就好像两个人才前后紧跟着而来；而你一天之内就推荐了七个，不是太多了吗？”

3. 淳于髡说："大王说得不对。鸟有鸟类，兽有兽类。鸟同鸟宿在一起，兽同兽住在一块儿。如果想找柴胡、桔梗等药材，你到池沼中去找，那就一辈子也找不出一棵，因为它们都生长在山里。要是到睾（gāo）黍山、梁父山（今泰安市东南）那里去找，几大车都找得到。"

4. 淳于髡接着说:“我本人就生活在贤士群里，我结识的人都是有学识、有本领、品德高尚的贤士，所以，让我来推荐贤士，就丝毫不用费劲。”

6. 齐国先进的文化背景，形成了群臣乐于进贤的优良传统，恰恰是这一优良传统，使齐国得到了众多的贤士，从而使国家富强，长治久安。

（吕祥森）

秉笔直书

【解释】秉：执。直：正，不歪曲。直书：按事物的本来面目书写、记述。原指史官书写历史不忌讳和避开事实，只根据事实真相记录。现指写文章不隐瞒、不夸大，真实地反映实际。

【出处】《左传·襄公二十五年》："大史书曰：'崔杼（zhù）弑（shì,指封建时代臣杀君，子杀父母）其君。'崔子杀之。其弟嗣（sì，接续、继承）书而死者，二人。其弟又书，乃舍之。南史氏闻大史尽死，执简以往。闻既书矣，乃还。"

欲盖弥彰

【解释】弥：更加。彰：明显。想加以掩盖，结果反而暴露得更加明显。

【出处】清·顾炎武："或欲盖而名彰，如赵盾伪出奔，崔杼杀太史，将以盖弑君之恶，而其恶益著焉。"

1. 崔杼是春秋时期齐庄公的大臣，他的妻子棠姜长得很美丽。齐庄公与棠姜私通，经常到崔家去，还把崔杼的帽子赐给别人。崔杼知道后，非常愤恨。一次，在齐庄公与自己的妻子幽会时，崔杼就设计杀死了庄公。

2．大史是春秋时期掌管起草文书、记载史实、编写史书等事务的官（“大”通“太”，所以“大史”又称“太史”）。齐国的大史听说崔杼杀死了齐庄公，就如实地记下：“×年×月×日，崔杼杀了他的君主。”崔杼让他不要记录自己的罪行，但是大史不同意，崔杼便把他杀害了。

3. 当时的史官实行世袭制，大史死了，由他的弟弟来继承职务。大史的两个弟弟不顾崔杼的威胁，仍旧在史书上如实地记载：“×年×月×日，崔杼杀了他的君主。”崔杼气急败坏，又杀死了大史的两个弟弟。

4．大史和他的两个弟弟接连被杀，他的第三个弟弟继承了大史的职务。大史的三弟又拿起笔来，义无反顾地在史书上记下：“×年×月×日，崔杼杀了他的君主。”崔杼还想杀死大史的三弟，但是慑于他们的正义与英勇，只好作罢。

5. 齐国的另一个史官南史氏听说了这件事，便抱着记录历史的竹简急匆匆地赶来，在附近等着，如果大史的三弟也被杀，他准备接替大史兄弟将崔杼的罪行如实记下来。后来，他见大史的三弟已经据实记载，这才放心地返回。

（曹建）

不管三七二十一

【解释】意思是不顾一切，不问事情的缘由。

【出处】《战国策·齐策一》："临淄之中七万户，臣窃度之，下户三男子，三七二十一万，不待发于远县，而临淄之卒，固以二十一万矣。"

斗鸡走犬

【解释】鸡与鸡搏斗、狗与狗赛跑的一种游戏，也作为一种赌博。后来借指游手好闲，不务正业。

【出处】《战国策·齐策一》："临淄甚富而实，其民无不吹竽鼓瑟、击筑弹琴、斗鸡走犬、六博蹹鞠者。"

1. 苏秦是战国时期与张仪齐名的纵横家，他的主张是合纵抗秦，就是联合其他国家共同对付强大起来的秦国。一天，苏秦来到齐国对齐宣王进行抗秦的游说。

2. 但是，齐宣王推说齐国的兵力不足，不想参与抗秦战争。

3. 苏秦说："齐国都城临淄有七万户，我私下计算了一下，每户按三个男子服役，就是三七二十一万兵，用不着再往别处征兵，仅临淄一城就足够了。另外，齐国粮食储存充足，军队强盛，社会安定，完全可以和秦国抗衡。"苏秦的这个算法，虽然有些夸大，但足以证明当时临淄的人口之多。

4．苏秦继续说："临淄的百姓十分富裕，不仅吃得饱、穿得暖，还吹竽鼓瑟，击筑弹琴，斗鸡赛狗，下棋蹋球，街道上车辆络绎不绝，人来人往。您这样贤能，国家又这么强大，天下无可匹敌，现在您却要向秦国卑躬屈膝，我真为您感到惭愧！"

5. 苏秦进一步对齐宣王分析了当时各国的情势，说："韩国、魏国、秦国的边界连接在一起，如果打起仗来，双方出兵，力量都差不多，不出十天的时间，就可以分出胜负。"

6. 听了苏秦的分析，齐宣王觉得很有道理。当时有人不了解临淄的情况，认为苏秦只知道瞎吹。慢慢的，“不管三七二十一”成了贬斥那些缺乏实际经验的愣头青的词语，但有时也用作褒义词，有不怕风险、敢于承担责任的意思。

（曹建）

不徐不疾

【解释】徐：缓慢。疾：急速。形容做事情能够掌握适度的节律，不太慢也不太快。

【出处】《庄子·天道》："臣也以臣之事观之。斫轮，徐则甘而不固，疾则苦而不入，不徐不疾，得之于手而应于心，口不能言，有数存焉于其间。"

得心应手

【解释】得：得到，想到。应：反应，配合。心里怎么想，手上就怎么做。形容技艺娴熟，做事如意顺手。

【出处】同"不徐不疾"。

斫轮老手

【解释】斫（zhuó，砍、削）轮：砍削木头制造车轮。砍削木头制作车轮的老手。比喻技艺纯熟或经验丰富的人。

【出处】《庄子·天道》："臣不能以喻臣之子，臣之子亦不能受之于臣，是以行年七十而老斫轮。"

1．一天，齐桓公在堂上读书，齐国有名的木工轮扁在堂下制作车轮。

2. 轮扁放下工具，到堂上问齐桓公：“请教君王，您读的是什么人的著作？”齐桓公说：“我读的是圣人的著作。”轮扁问：“圣人还活着吗？”齐桓公说：“他们都不在人世了。”轮扁说：“照这样说来，您所读的书，不过是古人的糟粕罢了！”

3. 齐桓公生气地说："你一个做车轮子的懂得什么？怎么可以随便议论我读的书？今天，你要是不说出个理由，我就判你死罪！"

4．轮扁说："就从我做车轮子来分析吧！要是下手慢了，做出的轮子就会松动而不牢固；下手快了，做出的轮子就会紧涩而嵌不到车体上去。不慢不快，心里怎么想手上就怎么做，这种无形的技艺是难以言传的，我无法传给我的儿子，我的儿子也不能继承。所以我七十岁了还在制作车轮。古人与他们不可传授的心得已经消失了，您所读的书，不过是古人的糟粕罢了。"

（邵杰）

不翼而飞

【解释】不翼：没有翅膀。没有翅膀竟然飞去。形容言论、消息等流传迅速。后来比喻事物突然消失。

【出处】《管子·戒》："管仲复于桓公曰：'无翼而飞者，声也；无根而固者，情也；无方而富者，生也。公亦固情谨声，以严尊生，此谓道之荣。'桓公退，再拜：'请若此言。'"

1. 齐桓公准备去东方游历，向管仲征求意见，问道："我这次东游，想要到达南方的琅邪（今胶南市西南）。司马却要求我像先王那样出游，他这话是什么意思？"

2. 管仲回答说:“在春天出发，调查百姓在农事方面是否存在困难，叫做‘游’；秋天外出，了解百姓生活中有什么不足，叫做‘夕’。兴师动众地出游并让老百姓供应吃喝，叫做‘亡’；尽情游乐，逗留在外地不回来，叫做‘荒’。先王出游，都是从了解百姓疾苦的目的出发，从来没有‘亡’、‘荒’的行为。”

3. 齐桓公说："非常感谢你的提醒，这是宝贵的经验和法则。"管仲又说："没有翅膀却能飞翔的是语言，没有根底却能巩固的是感情，没有地位却能够达到尊贵的是心性。这叫做道的发扬。"桓公说："我愿意遵从这种道。"

4. 管仲又对桓公说："负担最重的莫过于身体，经历危险的莫过于口舌，时间最长的莫过于年代。能够承担重任，不怕艰难险阻，需要长期的坚持，只有君子才能做到啊！"

5. 齐桓公恳求说："你快把这方面的道理说给我听。"管仲说："要科学合理地安排饮食起居，洁身自好，自己的内心要有定力。即使身在茅舍之中也毫无惧色，即使拥有了天下也不骄傲，这样才能成为王者。另外，还要讲究仁、义、道、德和孝、悌、忠、信。"齐桓公点头称是。

（邵杰）

不义之财

【解释】不义：不正当，不合理。意思是不该得到或用不正当手段得来的钱财。

【出处】《列女传·母仪传·齐田稷（jì）母》：“夫为人臣而事其君，犹为人子而事其父也。尽力竭能，忠信不欺，务在效忠，必死奉命，廉洁公正，故遂而无患。今子反是，远忠矣。夫为人臣不忠，是为人子不孝也。不义之财，非吾有也；不孝之子，非吾子也。”

1. 田稷子是战国时期齐国的相国。一次，一个下属送给他百镒金，田稷子推辞不过，只好收下了。

2. 回到家里，田稷子的母亲责问道："你当相国虽然已有三年了，但是你的俸禄好像没有这么多！这些金子是哪里来的？是不是你收受人家的贿赂？"田稷子跪下，向母亲解释道："这些金子是下属送的，我本来不想要，可是他硬要送给我。"

3. 田母听了非常生气，严厉地训斥儿子：“做臣子的对待国君要像对待父母一样忠心尽职，要言行一致、廉洁公正，你却贪图财物，背离了一个为政者的原则。这些靠不正当手段得来的财物，我是不会享用的。你做出这样令人不齿的事，不是我的儿子！”

4．听了母亲的话，田稷子感到非常惭愧，急忙拿着这些金子出了门。他先把金子全部还给送礼的下属，然后去向国君请罪，要求罢免自己的官职，惩罚自己的过失。

5. 国君问明原因后，非常钦佩田稷子的母亲，被她高尚的情操和行为所感动。他奖赏了田稷子的母亲，并赦免了田稷子的罪行。

（邵家朋）

不知所措

【解释】措：安置，处理。不知道该怎么办。

【出处】《管子·七臣七主》："振主：喜怒无度，严诛无赦，臣下振怒，不知所错（通'措'），则人反其故。不伍，则法数日衰，而国失固。"

1.《管子》是战国时期稷下学宫学者的著作总集，托名管仲所作，共二十四卷。管仲是春秋初期的政治家，辅佐齐桓公成为春秋时期的霸主，被尊称为“仲父”。

2.《管子》一书中，列举了七类君主的特点，详细地解释了这七种君主的言行，并指出了不同言行带来的后果，希望君主以此作参考，避免失误。

3.《管子》在列举振主时讲道：君主的性格喜怒无常，惩罚严厉而不讲宽恕，部下就会心中惧怕，不知道该怎么办，惶惶不可终日。为了躲避惩罚和酷刑，他们不得不隐瞒自己的真实想法，处处虚与委蛇、投机取巧。这样做的后果，将使国家政令执行起来日益无力，最终导致国家失去稳定。

（邵杰）

布衣之交

【解释】布衣：古代贫民的衣着，泛指平民。指贫贱者之间的交往，也指显贵者与没有官职的人交往。

【出处】《战国策·齐策三》：“居期年，君召爱夫人者而谓之曰：‘子与文游久矣，大官未可得，小官公又弗欲。卫君与文布衣交，请具车马皮币，愿君以此从卫君游。’于卫甚重。”

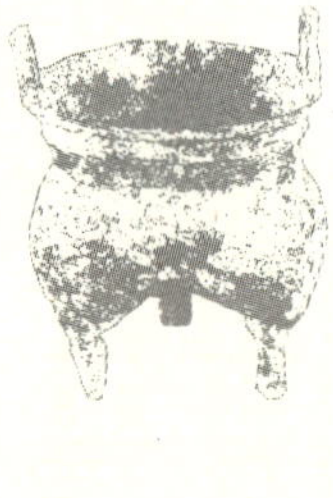

1. 战国时期，齐国贵族孟尝君为笼络人心，招揽了许多有才能的人。孟尝君让他们住在自己家里，给他们优厚的待遇，这些人被称为门客。在他的门客中，有一个人对孟尝君的妻子产生了爱慕之情。

2. 有人把这件事告诉了孟尝君，并且说："那个人吃着你的饭，住着你的房子，用着你的东西，却喜欢上了你的妻子，真是太不够义气了，你为什么不杀了他呢？"孟尝君说："由衷地欣赏和喜欢一个人，这是人之常情。这件事你不要再提了。"

3. 一年后，孟尝君召见了那个门客，对他说："你在我这里已有很长时间了，我却一直没有给你找到一个好职位。我与卫国的国君有很深的交情，我已经为你准备了路费，要把你推荐到卫国去做官。"那个人到了卫国以后，受到了卫国国君的重用。

4. 后来，齐国和卫国关系恶化，卫国想纠集其他诸侯国攻打齐国。这时，被孟尝君推荐到卫国任职的门客站了出来，为了报答孟尝君的恩德，他决定劝说卫国国君打消进攻齐国的念头。

5. 那个门客对卫国国君说："孟尝君很看重我，才把我推荐给您。过去齐国和卫国曾经共同立下盟约：两个国家要世代友好，互不侵犯。现在您要攻打齐国，不但违背了祖宗的誓言，也欺骗了孟尝君。要是您执意进犯齐国，就是我这种无能之人，也会跟你拼个鱼死网破，更不用说齐国的人民了！"

6. 听了门客的劝说，卫国国君放弃了进攻齐国的计划。齐国人民听说了这件事，非常感慨，赞叹道：“孟尝君真是一个会办事的人啊！由于他的宽容和仁慈，坏事变成了好事。”

（邵杰）

长夜漫漫

【解释】漫漫：长而无边的样子。长长的黑夜没有尽头，比喻社会黑暗，像黑夜一样没有尽头。

【出处】《淮南子·宁戚〈饭牛歌〉》：“生不逢尧与舜禅(shàn)，短布单衣才至骭(gàn)。从昏饭牛薄夜半，长夜漫漫何时旦。”（宁戚：春秋时卫国人，后来成为齐桓公的重臣。饭：喂。宁戚在车下喂牛，敲着牛角唱歌。比喻有才能的人沦落而做低贱的事。）

1. 齐桓公为了树立自己的威望、称霸诸侯，经常亲自带兵援助周围的诸侯国。一次，他带领人马去援救卫国，相国管仲率军走在前面。

2. 管仲在半路上遇到了在路边喂牛的宁戚，通过交谈，了解到宁戚是个有才能的人，就写了一封推荐信，并告诉宁戚说：“我的君主就在后面，等他来到时，你拿着这封信去见他，他一定会重用你的。”

3. 不久，齐桓公的大军果然到了。宁戚站在路旁，敲着牛角唱道："我生不逢时啊，没有尧舜那样的明君来发现我！我的衣服破旧单薄啊，又短又小！从黄昏开始喂牛啊，一直到半夜。唉！长夜漫漫，啥时候才到天明啊！"齐桓公听了，心想：这个人分明是怀才不遇，讽刺世道不公。于是，他命人把宁戚叫到车前询问根由。

4. 和宁戚进行了沟通和交流，齐桓公了解了宁戚的智慧和胆略，又看了管仲写给自己的推荐信，更加断定宁戚是个人才，就请他上了车，准备重用他。

5. 看到齐桓公要封宁戚为官，大臣竖刁说："您应该先派人去查访一番，弄清楚他的来历和底细再说。"齐桓公说："我相信管仲是不会说谎的。到处打听人家的过失，不是光彩的事；再说，要是因为一点过失而不重用他，我们就白白损失了一个人才。"

6. 齐桓公毅然拜宁戚为大夫，并根据他的特长让他当了大司田，掌管农业生产。宁戚果然没有辜负齐桓公的厚望，将齐国的农业管理得井井有条，为齐桓公开创霸业奠定了基础。

（邵杰）

大公无私

【解释】秉公办事，毫无私心。现指做事从集体利益出发，毫无个人打算。

【出处】《管子·形势解》："风，漂物者也。风之所漂，不避贵贱美恶。雨，濡(rú,沾湿、润泽)物者也。雨之所堕，不避小大强弱。风雨至公而无私，所行无常乡，人虽遇漂濡而莫之怨也。故曰：'风雨无乡而怨怒不及也。'"

1.《管子·形势解》中说：风，是吹拂万物的。风刮起来，不管富贵的还是贫贱的，不管是美丽的还是丑陋的，不管是善良的还是恶毒的，都一样吹拂。

2. 雨，是润泽万物的。雨下起来，地上所有的物体，不管是小的还是大的，不管是强的还是弱的，都一样润泽。

3. 风雨是没有私心的，对所有触及的物体都一律公平对待、大公无私、不偏不倚。正因为风雨宽广无私，没有既定的方向和特定的目标，所以人们即使遭到风吹雨打，也不会怨声载道。

4. 管仲是想通过这样的比喻，劝说国君对待民众就像风和雨一样大公无私，不以自己的私欲为出发点，不论是对待亲属还是陌生人，也不论对待官吏还是百姓，都一视同仁，做到公平、公正。

（邵杰）

呆若木鸡

【解释】呆：傻，发愣的样子。呆得像一只木头做的鸡一样。形容愚笨或因恐惧、惊讶而发愣的样子。

【出处】《庄子·达生》：“纪渻(shěng) 子为王养斗鸡。十日而问：‘鸡已乎？’曰：‘未也，方虚憍(jiāo，通“骄”)而恃气。’十日又问，曰：‘未也，犹应向景。’十日又问，曰：‘未也，犹疾视而盛气。’十日又问，曰：‘几矣。鸡虽有鸣者，已无变矣，望之似木鸡矣，其德全矣。异鸡无敢应者，反走矣。’”

1．战国时期的齐国都城临淄，人口众多，工商业发达，百姓生活安定而富足，吹拉弹唱、斗鸡赛狗、踢球等各项娱乐活动非常盛行，齐王是一个斗鸡爱好者。纪国被齐国吞并以后，纪国的斗鸡高手纪渻子来到临淄，专门为齐王驯养斗鸡。

2．纪渻子挑选了一只上好的斗鸡苗子进行驯养。才过了十天，齐王就将纪渻子召来询问："我的斗鸡驯养好了吗？"纪渻子说："还没有。它一看到别的鸡就表现出盛气凌人的样子，但是内心很空虚，这是浮躁的表现。火候还早呢！"

3. 又过了十天，齐王将纪渻子召到朝堂上，问道："我的斗鸡应该训练好了吧？"纪渻子回答："不行。它听到别的鸡叫或看到别的斗鸡仅仅有所反应，这是刚刚入道的状态，远远没有达到一只优秀斗鸡的素质和要求。"

4．齐王左等右等，好不容易又熬过了十天，再一次将纪渻子召来，问道："我的斗鸡还不行吗？"纪渻子说："还不行。它虽然有了长进，但是看到别的鸡，还是一副跃跃欲试的样子，火气很大，心神也不够稳定。您还要耐心等待。"

5. 又过了十天，齐王再也忍不住了，将纪渻子召来，十分不耐烦地问："这回我的斗鸡应该训练好了吧？"纪渻子说："现在差不多了。它对挑战者没有什么反应，不管其他斗鸡如何挑衅，它都气定神闲，像一只木头做的鸡一样沉着。"齐王见这只鸡神态安定，处乱不惊，不禁大为高兴。

6. 齐王带着这只训练好的斗鸡参加比赛。这只看起来呆头呆脑的斗鸡镇定自若、一副高深莫测的样子，几个回合就将别的斗鸡打得一败涂地。后来，别的鸡一见到它，就被它的气势和威力吓倒，纷纷落荒而逃，连上前争斗的勇气也没有了。

（邵杰）

得意洋洋

【解释】洋洋：得意的样子。形容得意时的神态。多指因成功而沾沾自喜。

【出处】《史记·管晏列传》：“晏子为齐相，出，其御之妻从门间而窥其夫。其夫为相御，拥大盖，策驷（sì，古代同驾一辆车的四匹马）马，意气扬扬，甚自得也。既而归，其妻请去。夫问其故。妻曰：‘晏子长不满六尺，身相齐国，名显诸侯。今者妾观其出，志念深矣，常有以自下者。今子长八尺，乃为人仆御，然子之意自以为足，妾是以求去也。’”

1. 有一天，齐国的相国晏婴坐着马车外出办事，恰好路过他车夫家的门口。车夫的妻子从门缝里偷偷观察自己的丈夫，只见丈夫坐在大伞盖下面，神气十足地挥舞着马鞭子，一副得意洋洋的神情，晏婴却满脸平静地坐在车上，内敛而深沉。

2. 车夫回到家里，他的妻子说："我不想跟你一起生活了，我们分开吧！"车夫惊疑地问："为什么？"车夫的妻子说："你同晏相国外出时，我仔细地观察了一下。晏相国身为国家重臣，有那么大的本事、那么高的声望，态度却那么谦虚平和；而你呢，虽然身高八尺，却一副沾沾自喜的样子，一点谦虚和上进的态度也没有。"车夫听了很惭愧。

3. 从此以后，车夫变得谦虚谨慎起来。晏婴感到非常奇怪，向车夫询问原因，车夫将自己妻子如何观察他的行踪以及如何规劝他的事如实相告。后来，车夫处处以晏婴为榜样，虚心好学，掌握了很多知识和道理，晏婴就推荐他做了大夫。

（邵杰）

东食西宿

【解释】去东家吃饭，去西家住宿。比喻好占便宜的人各方面的好处都要。

【出处】东汉·应劭（shào）《风俗通义》：“齐人有女，二人求之。东家子丑而富，西家子好而贫。父母疑不能决，问其女，定所欲适：‘难指斥言者，偏袒，令我知之。’女便两袒，怪问其故。云：‘欲东家食，而西家宿。’此为两袒者也。”

1. 齐国一户人家有个女儿，到了出嫁的年龄，村里有两家前来求婚，其中一家住在村子的东面，另一家住在村子的西面。

2. 东面那家是一个富裕家庭，家中有钱有粮，不缺吃穿，但是，他家的那个小伙子长得又矮又丑，非常难看。

3. 西面的那户人家没钱没粮，一贫如洗，但是那家的小伙子倒是高大英俊，一表人才。

4．姑娘的父母左思右想不能决断，就对女儿说：“想嫁到哪一家，还是你自己决定吧！要是不好意思说出口，你就露出你的手臂来表示。要是你喜欢东家呢，就袒露右臂；要是你喜欢西家，就袒露左臂。”

5. 姑娘低下头，想了想，然后把两只手臂都袒露了出来。

6. 她的父母感到十分奇怪，就问："女儿啊，你把两只手臂都袒露出来，这是什么意思啊？"女儿说："东面的那一家富裕，饭食一定好；西面的那一家小伙子漂亮。我想在东家吃饭，在西家住宿。"她的父母听完，哭笑不得。

（韩雷声）

断章取义

【解释】断：截断。章：篇章。不顾全篇文章或整个谈话的内容，孤立地摘取其中的一句或一段供自己使用。指引用的东西与原意不符。后来比喻引用别人的文章或言论时，只取与自己意见相合的部分。

【出处】《左传·襄公二十八年》："癸臣子之，有宠，妻之。庆舍之士谓卢蒲癸曰：'男女辨姓，子不辟宗，何也？'曰：'宗不余辟，余独焉辟之？赋诗断章，余取所求焉，恶识宗？'癸言王何而反之，二人皆嬖（bì，宠幸）。使执寝戈，而先后之。"

1. 春秋时期，齐国大臣崔杼和庆封杀死了国君齐庄公，拥立齐庄公的弟弟杵臼为国君，即齐景公。齐庄公的卫士卢蒲癸与王何逃到了别的国家。

2. 崔杼大权独揽，引起了庆封的妒忌，庆封又设计杀死了崔杼，自己掌握了齐国的大权。后来，庆封将朝政交给了自己的儿子庆舍，带着家眷住到了卢蒲嫳的家里，并与卢蒲嫳玩起了“换妻”的游戏。他们每天饮酒打猎，妻妾彼此换替，过着荒淫无度的生活。

3. 逃到外地的卢蒲癸一心想杀死庆封，为自己原来的主子齐庄公报仇。见庆封住到了自己哥哥卢蒲嫳的家里，卢蒲癸便通过哥哥的引荐，取得了庆封的信任，做了他的家臣。

4. 庆封见卢蒲癸一表人才，举止谈吐十分得体，就打算把自己的女儿庆姜嫁给卢蒲癸。

5. 庆氏和卢蒲氏（后改为卢氏）都是姜姓的后代，属于同一宗族。姓最早是统一血缘的标志，中国从母系氏族开始，就有了同姓不结婚的传统，到春秋时期，虽然有些贵族不遵守这一原则，但还没有被普遍破坏。所以，有人对卢蒲癸说："男女婚嫁，应当分清姓氏，你为什么要娶同宗的女子为妻呢？"

6. 卢蒲癸说："既然人家女方没有在意同宗结婚，我为什么要刻意避开呢？就像吟诵诗歌时人们断章取义、各取所需一样，我只根据自己的需要去做就行了，又何必顾忌什么同宗不同宗？"

临淄成语典故

7．卢蒲癸想再找一个人与自己共同诛灭庆氏父子，于是，就在庆舍面前极力称赞原先与他共事的王何是一位了不起的勇士。庆舍被卢蒲癸说动了，便将王何也招到自己的身边，并且安排卢蒲癸和王何一起做了他的贴身侍卫。

8. 一次，庆舍等人陪着齐景公到太庙进行祭祀，卢蒲癸、王何手执武器立于庆舍之左右，寸步不离。他们找准机会与齐景公的心腹里应外合，杀死了庆舍。

9. 听说自己的儿子被杀，庆封盛怒之下，带兵攻打齐国都城，结果失败，逃亡到了吴国。后来，楚国讨伐吴国，庆封及其家族全部被楚国军队诛灭。

（邵杰）

二桃杀三士

【解释】用两个桃子杀死三个勇士。比喻用计谋杀人或借刀杀人。

【出处】《晏子春秋·谏下二》："公孙接、田开疆、古冶子事景公，以勇力搏虎闻。……古冶子曰：'二子死之，冶独生之，不仁；耻人以言，而夸其声，不义；恨乎所行，不死，无勇。虽然，二子同桃而节，冶专其桃而宜。'亦反其桃，挈（qiè）领而死。"

1．公孙接、田开疆和古冶子是春秋末年齐景公时期的三名武士，合称“三士”。他们武艺高强，力大无穷，但是居功自傲，骄横跋扈，无人敢惹。一天，晏婴从他们身边经过，三个人坐在那里不予理睬。见了相国不起立致敬是无礼的，长此下去，定会危及国家社稷。因此，晏婴想除掉他们。

2. 晏婴入见齐景公，说："国君手下有几员能征善战的大将，这是抵御外国侵略、防止坏人作乱的需要。身为国家的大将，就必须以国家和百姓的利益为重，不能自恃武功高强就目空一切。"

3. 晏婴接着又说："现在君王您所养的三个武士，在军事上不操练兵马，在政事上不与民为善，反而依仗权势欺上压下、横行霸道，简直成了齐国的三个祸害了，不除掉他们，怕是危害国家，将来无法收拾。"

4. 齐景公为难地说："他们三个人眼空四海、目中无人，进行劝说根本不起作用，况且他们武艺高强，无人可制服，若是派人捉拿，恐怕不但拿不下他们，还会激起变故，影响国家稳定。"

5. 晏婴胸有成竹地说：“我有一个计策。这三个人有勇无谋，请您赠与三人两个桃子，让他们凭功劳分吃桃子。”意思是三个人分吃两个桃子，必然引起争功相斗，自相攻杀。齐景公答应了。

6. 一天，公孙接、田开疆和古冶子在一起饮酒玩乐。齐景公派人给他们送来了两个桃子，并传达了旨意：三个人的功劳都很大，但是总有个高低上下，请你们三个人根据功劳的大小决定谁最有权利吃桃子。

7. 公孙接知道这是晏婴出的一个计谋，他仰天长叹："晏婴是个非常有智慧的人，他定下这个计谋，是想让我们自己争执。要是不接受国君的命令，说明我们三个人没有勇气；要是接受国君的命令，我们三个人争吃两个桃子，必然引起纷争。"

8. 公孙接说得十分明白，但他还是认为自己功劳最大，应该先吃桃，于是首先发言说："我公孙接伴君出猎的时候遇上了老虎，我打死了老虎，使国君转危为安，我应该吃桃。"说完，他拿起了一个桃子。

9．田开疆一见急了，说："我曾经手拿兵器，接连两次击退敌军。像我这样的功劳，也可以自己单吃一个桃子，用不着与别人共吃一个。"于是，他也拿起了一个桃子。

10. 古冶子见公孙接和田开疆都拿起了桃子，没有自己的份儿，心中很不愉快。

11．古冶子说："那次国君横渡黄河，船到河心的时候，水中出现一只大鼋（yuán），眼看就要船翻人亡，是我砍死大鼋救了国君和船上的人，我的功劳最大，我最应该先吃桃子。你们两个应该把桃子让给我。"

12．公孙接惭愧地说：“我先把桃子拿起来，显得风格太低了。我也是一个有名的人，绝不能让人笑话我贪嘴争利！这样吧，让我一死，你们两个每人吃一个桃子吧！”说完，拔剑自尽了。

13. 田开疆说："我只顾自己拿桃子，毫不谦让，也不顾情义，这就是贪婪啊；我的朋友以死让桃，我要是死皮赖脸地活着，还谈得上什么勇敢？"于是，他也刎颈自杀了。

14．古冶子看到自己的两个朋友为了让桃而不惜牺牲性命，心想：自己如果活着，太对不起他们了，而且会遭天下人的耻笑！最后，他也拔剑自尽了。

15. 晏婴知道此事以后，下令把三人的尸体好好收殓，并将他们葬在荡阴里，就是现在的淄博市临淄区齐都镇南关村附近，从此便有了被称为“三士冢”的古墓。

（邵家朋）

风驰电掣

【解释】驰：奔跑。掣（chè）：闪过。形容非常迅速。

【出处】《六韬·龙韬·王翼》：“太公曰：腹心一人：主潜谋应卒，揆天消变，总揽计谋，保全民命。谋士五人：主图安危，虑未萌，论行能，明赏罚，授官位，决嫌疑，定可否。天文三人：主司星历，候风气，推时日，考符验，校灾异，知天心去就之机。地利三人：主三军行止形势，利害消息，远近险易，水涸山阻，不失地利。兵法九人：主讲论异同，行事成败，简练兵器，刺举非法。通粮四人：主度饮食，备积蓄，通粮道，致五谷，令三军不困乏。奋威四人：主择才力，论兵革，风驰电掣，不知所由。……”

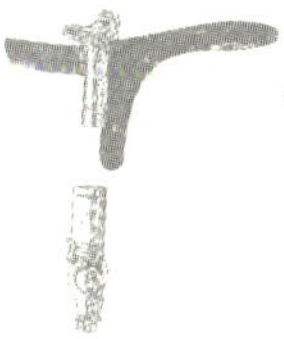

1. 周武王问姜太公："君主统帅军队必须有辅佐的人，以成就君主非凡的威望，怎样才能做到呢？"姜太公说："军队一般以将帅作为司令。司令要通晓和掌握全面的情况，还要根据才能录用各种人才，使他们根据情况的变化处理各项事务。将帅的助手应该有七十二人，以便集中各种人才的智慧。"

2. 周武王让姜太公详细地阐述一下，姜太公具体地指出：第一，设腹心一人。主要负责参赞谋略，应付突然事变，观测天象，消除祸患，总揽大计，保全百姓性命。

3. 第二，设谋士五人。主要负责筹划安定大局的措施，根据未来形势的变化制定应急预案，鉴定将士的品德和才能，宣布赏罚，授予官位，裁决疑难问题，决定事情是否可行。

4. 第三，设天文三人。负责观测天象，预测气候变化，推算时间，考察吉凶的征兆，查验意外事件，观察天意的逆顺。

5. 第四，设地利三人。负责查明军队行军和驻扎时的地形，分析利害的消长、距离的远近、地形的险易、江河水情的变化、山势的险易程度，使军队在作战中取得地理上的优势。

6. 第五，设兵法九人。负责探讨敌我形势，分析作战双方胜负的条件，训练士兵使用各种兵器，揭发军队中的非法行为。

7. 第六，设通粮四人。主管军需的调配和供给，储备军用物资，筹集军粮并保证军粮供应，使军队有充足的粮草。

8. 第七，设奋威四人。负责选拔有才能的勇士，配发兵器装备，组织突击部队，迅速出击，出其不意地打击敌人。另外，姜太公还提到了设立伏鼓旗、股肱、通材等各种职能部门的人员，形成一个完整、科学的军队组织，各负其责，相互协调，以取得最终胜利。

（邵杰）

风马牛不相及

【解释】有两种解释。一种是指马和牛不同类，不会因雌雄相互诱惑、吸引而贴近。这种解释中，风是指雌雄相逐，引申为交配。另一种意思是，齐国和楚国离得很远，即使走失的马和牛，也不会跑到对方的国家去。这种解释中，风是指走失，风马牛是指走失的马和牛。两种解释的意思都比喻事物彼此不相干。

【出处】《左传·僖公四年》："楚子使与师言曰：'君处北海，寡人处南海，唯是风马牛不相及也，不虞君之涉吾地也何故？'"

问诸水滨

【解释】诸："之于"的合音。水滨：水边。到水边去查问吧。指问题与自己无关，自己不承担责任。

【出处】《左传·僖公四年》："对曰：'贡之不入，寡君之罪也，敢不共给？昭王之不复，君其问诸水滨！'"

1. 春秋时期，齐桓公成为霸主以后，中原地区的诸侯国都向齐国屈服，但是南方的楚国不肯服从齐国，它附近的蔡国也依靠楚国与齐国对抗，齐桓公就联合鲁国、宋国等几个国家前去攻打蔡国。

2．蔡国被打败后，齐桓公等又准备进攻楚国。楚成王派贵族屈完到齐国军营进行谈判。屈完说：“你们齐国居住在大老远的北方，我们楚国在遥远的南方，相距如此遥远，即使马和牛与它们的同类相互吸引追逐，也跑不到对方的境内去。你们却进入我们的领地，这是为什么？”

3. 管仲回答说：“从前，召康公命令我们国君的先人说，为了周王室的安定，对于五等诸侯和九州的长官，他都有权利进行讨伐。现在你们不按时向周天子缴纳贡品，而且使南下的周昭王淹死在汉水里，我们今天就是来查问这件事的。”

4. 屈完说："没有向周天子缴纳贡品，这是我们的过错；但是周昭王的死与我们无关，既然周昭王是在汉水溺死的，这件事你去向汉水兴师问罪吧！"管仲见楚国在强大的压力下还敢强词夺理，十分恼怒，下令联军继续南下。

5. 后来，楚成王又派屈完前去探问。齐桓公为了显示自己的军威，让屈完一起坐上车观看他带来的兵马，并得意洋洋地说：“你瞧瞧，我们兵强马壮，你们的军队能抵挡得住吗？”

6. 屈完微微一笑，不卑不亢地说："如果您用仁德来安抚诸侯，哪个会不顺从？要是您用武力的话，我们楚国就把方城山当做城墙，用汉水当做护城河，您的兵马再多，恐怕也没有用处！"

7. 屈完说得很强硬，却句句有理。齐桓公估计：打败楚国并不是一件简单的事情。既然楚国已经认了错，答应向周天子按时进献贡品，自己也算有面子了。于是，齐桓公率领其他诸侯国一起同楚国订立了盟约，并撤回了部队。

（邵杰）

覆水难收

【解释】覆：倒。倒在地上的水难以收回。比喻事情已成定局，无法挽回。

【出处】宋·王楙（mào）《野客丛书》：“又言‘覆水难收’，案姜太公妻马氏，不堪其贫而去。及太公既贵，再来，太公取一壶水倾于地，令妻收之，乃语之曰：‘若言离更合，覆水定难收。’”

1. 姜太公在没有认识周文王之前，干什么买卖都赔钱，他大半辈子都是在贫困潦倒中度过的。起先，妻子马氏还对姜太公抱有很大希望，指望他一肚子的学问能换来锦衣玉食，可是见他多年来做事都不成，认定他不会再有什么出息，就离开了姜太公。

2. 后来，姜太公被周文王发现并重用，终于有了用武之地。他辅佐周文王和周武王南征北战，灭掉了商朝，建立了周朝，成了周朝的开国功臣，还被分封到齐国做了国君。

3．得知这一切，姜太公的妻子马氏后悔了，她很想跟姜太公恢复关系，共享荣华富贵。一天，姜太公骑着高头大马，被众多的兵士簇拥着走在路上。马氏冲上去挡在了姜太公的马前，要求姜太公与她重归于好。

4．姜太公早就看透了马氏的为人，不想再和她生活在一起。他叫人把一壶水泼在马前，对马氏说："我们的感情就像这壶水，你甩开我走了，就好比把水泼出去了。要是你能把这泼出去的水再收回来，咱们就和好。"

5. 马氏蹲在地上，用手拼命地将水往壶里收。但是，不管她怎样努力，水再也收不到壶里去了。姜太公叹了口气，说：“你好自为之吧！”说完，姜太公上马带着他的随从离开了。

（曹建）

改过自新

【解释】自新：自己重新做人。指改正过错，重新做人。

【出处一】《史记·扁鹊仓公列传》："上书曰：'妾父为吏，齐中称其廉平，今坐法当刑。妾切痛死者不可复生而刑者不可复续，虽欲改过自新，其道莫由，终不可得。妾原（同"愿"）入身为官婢，以赎父刑罪，使得改行自新也。'"

【出处二】《史记·孝文本纪》："妾伤夫死者不可复生，刑者不可复属，虽复欲改过自新，其道无由也。妾原（同'愿'）没入为官婢，赎父刑罪，使得自新。"

1．淳于意是临淄人，曾在齐国国都临淄做过掌管粮食的官吏，因此称为太仓公。他年轻时爱好医术，经过多年苦心钻研，成为我国汉代著名的医学家。淳于意的医术很高明，用自己的方法治好了很多疑难杂症，而且创建了最早的病历。

2．淳于意喜欢结交贵族，但又不愿被别人束缚，无意中得罪了权贵，招致了别人的怨恨。于是有人上书朝廷控告他，根据刑律罪状，淳于意要被押解到长安施以肉刑。在当时，肉刑是一种对人的身心进行凌辱的严酷刑罚，受刑人往往极为痛苦。

3. 淳于意没有儿子，只有五个女儿。临行前，他的女儿们想到年迈的父亲即将遭受折磨，抱头痛哭。看着大哭不止的女儿，淳于意又难过又无奈，愤怒地说："我今生不幸，没有男孩，生了你们这一堆闺女，到了紧要关头没有一个顶用的，唉！"

4．最小的女儿缇萦（tí yíng）听了父亲的话很伤心，她决定与父亲一起去长安，并设法救父亲。家人怕她年纪小，吃不了苦，再三劝阻，可是见她铁了心，只好遂了她的意愿。到了长安，缇萦求人写了一封信，并托人呈送给了汉文帝。

5. 缇萦在信中说："我父亲是齐国的官吏，深受百姓爱戴。现在，他遭人诬陷，即将被判重刑，我心里非常悲痛。被处死的人不能再活过来，受刑致残的人也不能恢复原来的健康，即使他们想要改过自新也难以实现了。我情愿自己到官府里去做奴婢，来赎父亲的罪，使他有一个改正的机会。"

6. 看了缇萦的上书，汉文帝被缇萦的孝心和真情深深地感动了，他下诏免除了淳于意的罪行。同时，汉文帝觉得缇萦说得很有道理，不久又下令免除了肉刑。

（邵杰）

狗恶酒酸

【解释】比喻环境险恶，使人裹足不前。

【出处】《晏子春秋·内篇问上》：“宋人有酤(gū，买)酒者，为器甚洁清，置表甚长，而酒酸不售。问之里人其故。里人云：公之狗猛，人挈器而入，且酤公酒，狗迎而噬（shì，咬、吞）之，此酒所以酸而不售也。夫国亦有猛狗，用事者是也。”

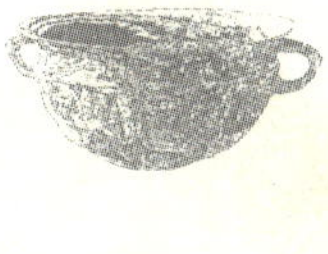

1. 齐景公经常向相国晏婴请教治国之策。一天，他问晏婴："治理国家，最害怕什么？"晏婴回答说："最害怕躲在土地庙里的老鼠。老鼠掘穴躲藏在里面。要是用火熏烤它呢，怕烧坏了土地庙；要是用水去淹灌它呢，又怕冲坏了土地庙。国君左右的小人就是国家的老鼠，不诛灭他们，国家就会乱；诛灭他们，国君又庇护着。他们真是祸国殃民。"

2. 齐景公说："他们的危害真有这么大吗？"晏婴说："你要不信，我再给您举个例子吧！从前，有一个人擅长酿酒，就在集市中开了一家酒肆。他的酒质量很好，酒具很干净，挂出的招牌也很醒目，他对酒肆的管理也很上心，但他的酒总是因卖不出去而变酸。"

3．齐景公问："这是为什么呢？"晏婴说："卖酒的人自己心里也纳闷呢！想来想去想不出原因，于是他就问邻居：'我的酒肆处在闹市，人来人往，顾客很多，我的酒货真价实，我对待顾客也很好，可为什么卖不出去，都变酸了呢？'"

4.“邻居说：‘你为人很好，酒也确实不错，可是你家的狗很凶。顾客去你那里买酒，不等走进酒肆，你的狗就扑上来又叫又咬，把顾客全吓跑了。有这样的恶狗挡道，谁还敢去买你的酒？时间长了，你的酒怎么能够不变质呢？’”

5. 晏婴又说："掌握权柄的人就是凶猛的狗。贤良之人想对您提出好的主张和建议，这些专权的人就像狗那样扑上去咬人，他们就是国家的恶狗。君主左右的人是社鼠，掌握权柄的人是恶狗，君主怎么能不被蒙蔽呢？国家怎么能没有祸患呢？"齐景公听了点头称是。

（曹建）

管鲍之交

【解释】管：管仲。鲍：鲍叔牙。管仲和鲍叔牙两人相知最深。比喻交情深厚的朋友。

【出处】《列子·力命》："管仲尝叹曰：'……生我者父母，知我者鲍叔也！'此世称管鲍善交者，小白善用能者。"

一箭之仇

【解释】被对方射中一箭的仇恨。比喻印象深刻的仇恨。

【出处】《史记·齐太公世家》："鲁闻无知死，亦发兵送公子纠，而使管仲别将兵遮莒道，射中小白带钩。小白详（通'佯'，假装）死，管仲使人驰报鲁。"

如获至宝

【解释】至：极，最。好像获得了最珍奇的宝物。形容对得到的东西非常珍视。

【出处】《东周列国志》第十六回："行至堂阜，鲍叔牙先在，见夷吾如获至宝。"

1.“管鲍”指的是春秋时期齐国的政治家管仲和鲍叔牙。他们是小时候的伙伴，管仲家比较贫穷，鲍叔牙家比较富有，但是他们之间彼此了解，相互信任。

2. 管仲家有老母亲，鲍叔牙经常资助管仲。后来，他们两人一起经商，管仲出的本钱很少，可是赚了钱分红的时候，管仲总是多拿一些，鲍叔牙毫不计较。

3．别人都认为管仲贪心，劝鲍叔牙与他断绝关系。鲍叔牙却说："管仲绝不是贪图钱财的人，他多拿一点钱，是因为家中贫穷，还有一位老母亲，他不过是想让老母亲生活得好一点罢了。"

4．管仲给鲍叔牙出主意办事，总是办不好，鲍叔牙也不生气，反而经常安慰管仲说："事情办不成，不是因为你出的主意不好，而是因为我们遇到的时机不好，你别介意。"

5. 管仲曾经做了三次官，但是每次都被罢免，鲍叔牙又安慰他说：“你不是没有本事，而是用你的人根本不了解你的雄才大略，你还没有碰到真正赏识你的人。”

6. 后来，两个人一起参加了军队，每次打仗，鲍叔牙都冲在最前面，管仲却次次都充当“后卫”。有几次，管仲干脆临阵脱逃，跑回了家。

7. 将士们都嘲笑管仲胆小怯懦，鲍叔牙却为他辩护说："管仲绝不是贪生怕死的人。他逃跑，只是因家中老母尚在，他怕自己死了无人照顾他的老母亲。"管仲感慨地说："生我的是父母，最了解我的是鲍叔牙啊！"

8. 几年后，鲍叔牙和管仲都从政了，他们分别辅佐齐僖公的儿子、齐襄公的两个弟弟，管仲辅佐公子纠，鲍叔牙辅佐公子小白。他们相约将来不论谁取得成功，都要互相举荐，共同为国效力。

9. 齐襄公即位以后，昏庸无道，欺侮大臣，他的两个弟弟——公子纠和公子小白怕受牵连，都逃到了国外。公子纠和管仲逃到了鲁国，公子小白和鲍叔牙逃到了莒国。

10. 后来，齐襄公被手下大将杀死。齐襄公没有儿子，只有两个逃难在外的弟弟公子纠和公子小白。

11. 国不可一日无君。齐国的大臣们商议，要从公子纠和公子小白两人中选择一人继承君位。大臣高傒等人支持公子小白，他们暗中派人到莒国，迎接在莒国避难的公子小白回国就任国君。

12．公子纠的母亲是鲁国人，因此，鲁国特别希望公子纠能当上国君。听说齐国发生了政变，齐襄公已死，鲁国国君鲁庄公也派军队护送公子纠回国抢夺国君之位。

13．一直辅佐公子纠的管仲建议：要顺利掌握政权，最好保证公子纠提前赶到齐国。他主动请缨，要求鲁庄公派给他五十乘战车，前去拦截从莒国赶往齐国的公子小白，以免小白提前回国就任国君。

14．管仲一行快马加鞭、日夜兼程，当他们赶到即墨地区的时候，向路人一打听，才知道小白的车马刚刚过去。管仲立即前去追赶，没走多远，就赶上了急匆匆回国的公子小白，他们上前拦住小白的车马，并下车拜见。

15．管仲对小白说："俗话说：长幼有序。你父亲去世了，齐国的君位理应由你哥哥公子纠来继承，你还是放弃吧。"小白不听，依旧启程赶往齐国。看着渐渐远去的小白，管仲想：要是让小白当了国君，就没有我们公子的份了。我干脆一不做二不休，杀死小白，为我们公子解除后患。想到这里，管仲偷偷地向公子小白射出了一支冷箭。

16．箭射中了小白，只听他一声惨叫，随即倒下。随从们见了，都放声痛哭起来。管仲见小白已经中箭死去，这才放心地离开，然后会同公子纠一起缓缓启程回齐国。

17. 见管仲走远以后，小白从车里坐了起来。原来，这支冷箭只是射中了他衣服上的带钩，但为了迷惑管仲，小白咬破舌头假装中箭身亡。随后，小白一行抄小路，日夜兼程赶回了国都临淄。

18. 因为国内有高傒等大臣做内应，加上鲍叔牙的辅佐，小白很快在临淄即位，称齐桓公。齐桓公即位以后，想任命鲍叔牙为相国，鲍叔牙说："你要想治理好国家，有高傒和我辅佐就行了；可是你要想称霸诸侯，非得用管仲来辅佐才行。"

19．齐桓公说："不行！他射了我一箭，差点要了我的命，我杀死他还不解恨呢，怎能任命他当相国！"鲍叔牙说："他用箭射你，不过是为了自己的主人。你千万不能为了个人的恩怨而失去这个人才。"齐桓公最终勉强答应了鲍叔牙的请求。

20. 鲁庄公听说小白当了国君，大怒，发兵攻打齐国，想趁小白还没站稳脚跟将他赶下君位，让公子纠回齐国即位。

21. 后来，齐国在乾时（今淄博市临淄区西南矮槐树村附近）击败了鲁庄公，截住了他的退路。齐桓公提出了条件：公子纠是自己的兄长，不忍心亲手杀死他，要鲁国杀掉他；还要鲁国将管仲押解回齐国。

22. 鲁庄公没有办法，只好按齐桓公的条件，处死了公子纠，并给管仲带上械具，装进囚车，押往齐国。

23. 鲍叔牙亲自到齐国边境堂阜（在今临沂市蒙阴县境内）去迎接管仲。等管仲一进入堂阜，鲍叔牙见了他，就好像见到了最珍贵的宝物，立即命令兵士打破囚车，卸除械具，和管仲一起乘车回临淄面见齐桓公。

24．齐桓公见了管仲以后，没有计较一箭之仇，与他进行了长谈。管仲就齐国的政治、经济和军事建设提出了很多切实可行的建议，齐桓公非常赞同和欣赏管仲的谋略和智慧。

25. 直到这时，齐桓公才认识到鲍叔牙的建议是非常正确的。齐桓公对管仲给予了充分信任，任命他为相国，并尊称为“仲父”。

26．齐桓公得到管仲以后，又任用鲍叔牙、隰朋、高傒等共同治理齐国，在基层实行了五家连兵的制度，国家很快安定下来，军事力量也增强了。

27. 在管仲的建议下，齐国大力发展商业和渔盐业，赈济贫民，奖励贤能之士，制定了“尊王攘夷”的大计，终于创立了辉煌的霸业。

28．公元前645年，管仲得了重病。临终之前，他向齐桓公托付身后之事。齐桓公问管仲："让鲍叔牙接替你做相国可以吗？"管仲说："不可以。鲍叔牙品德高尚，但是嫉恶如仇，见到品行不好的人就恨不得立即除掉，不利于安定团结。还是让隰（xí）朋接任比较合适。"

29．奸臣竖刁听说了这件事，不怀好意地对鲍叔牙说："当年你极力劝说国君把管仲解救出来，并把相国的位子让给了他，现在他要死了，还不把相国之位还给你，简直太不像话了，我真为你抱不平！"

30. 鲍叔牙听了哈哈大笑，说："管仲说得很对。我知道自己不适合做相国，让隰朋继任也是我的心愿。如果我当了相国，要做的第一件事，就是先把你们这些挑拨是非的奸臣杀掉。"竖刁哑口无言，灰溜溜地走了。

（王本昌　邵杰）

规矩绳墨

【解释】规：画圆形的工具。矩：画方形或直角的工具。绳、墨：木匠画直线所用的工具。规矩绳墨泛指标准法度。比喻应当遵守的标准和法度。

【出处】《管子·七臣七主》：“夫法者，所以兴功惧暴也；律者，所以定分止争也；令者，所以令人知事也。法律政令者，吏民规矩绳墨也。夫矩不正，不可以求方；绳不信，不可以求直。”

1.《管子·七臣七主》中说：法的作用是提倡建功立业而威慑暴行，律的作用是明确各自保持的界限而防止争端，令的作用是命令人们对事务进行管理。总之，法律政令就像画圆、画方、画直线的标尺一样规范着人们的行为。要是尺子本身不正，画出的图形就不准确。

2. 法令是君臣共同建立的，权势才是君主独揽的。要是君主不履行自己的职责，国家就会发生危险；要是官吏不履行自己的职责，国家就会陷于混乱。

3. 刑罚由官吏依法来进行裁决，国家才会得到很好的治理；权势由君主来控制，国家才会有威严；法令得到人民的拥护，人民才会有爱国之心。因此，贤明的君主要懂得法和权如何使用，自己掌握好权力，让官吏执行好刑罚，做到各负其责，上下分明。

4．法律规定一定要简洁、明确，执行一定要严格。让人们明确哪些是必须要做的，哪些是坚决不能去做的，并且形成习惯，就像高处的重物自然落下一样顺畅。这样，整个国家才会安定。

（邵杰）

国之四维

【解释】维：用来捆绑物体的大绳子，后指维持、保全。四维：即“礼”、“义”、“廉”、“耻”。“礼”是社会生活中由于道德观念和风俗习惯而形成的仪节，“义”是规定行动正确与否的准绳，“廉”指正直廉洁、品行方正，“耻”指做人有羞耻之心。原指管仲协助齐桓公治理国家所依照和遵循的四种纲纪准则，现指治国的纲领和准则。

【出处】《管子·牧民》：“国之四维，一维绝则倾，二维绝则危，三维绝则覆，四维绝则灭。倾可正也，危可安也，覆可起也，灭不可复错也。何谓四维？一曰礼，二曰义，三曰廉，四曰耻。”

1.《管子》一书的开篇《牧民》里说：治理国家有四个基本准则，一个是“礼”，即人们普遍遵守的道德节度。第二个是“义”，即匡正人们行为的标准。第三个是“廉”，即人们保持纯洁正直、不贪赃枉法的基本态度。第四个是“耻”，即人们自我反省、自我约束的精神。

2. 这四个准则就是支撑国家这座大厦的四根柱子。要是一根支柱断裂或缺失，国家就会倾斜；要是两根支柱断裂或缺失，国家就会有危险；要是三根支柱断裂或缺失，国家就会被颠覆；要是四根支柱都毁坏了，国家也就灭亡了。

3．国家倾斜了，可以采取各种措施进行扶正；国家有了危难，可以通过各种手段得到安定；国家被颠覆了，也可以采取措施使其重新兴起；但国家要是灭亡了，那就不可收拾了。

5. 人们要是遵照道德礼仪去做人、做事，就不会乱了尊卑贵贱和伦理纲常，社会自然就稳定；人们讲道义，行为就会合理而正确，就不会出现投机取巧和欺诈现象；人们不隐蔽邪恶，社会风气就会正直无私；人们不去屈从坏人，是非就会分明，邪乱的事情就不会产生。

韩卢逐逡

【解释】韩卢：战国时期韩国跑得最快的猎犬。逡（qūn）：狡猾的兔子。跑得最快的猎犬追逐狡猾的兔子。比喻相互之间争强斗胜，两败俱伤。

【出处】《战国策·齐策三》：“韩子卢者，天下之疾犬也；东郭逡者，海内之狡兔也。韩子卢逐东郭逡，环山者三，腾山者五，兔极于前，犬废于后，犬兔俱罢，各死其处。”

1. 一次，齐宣王想要攻打魏国，淳于髡去劝止。他首先问齐宣王：“听说君主您要攻打魏国，有这回事吗？”齐宣王说：“是啊！怎么了？”

2. 淳于髡说："我们先不说这件事。我这儿有一个故事想对您讲一讲。"齐宣王说："好啊！不妨说出来听听。"淳于髡说："韩子卢是天下跑得最快的猎犬，东郭逡是天下最狡猾的兔子。它们都是同类中的佼佼者。"

3. 见齐宣王来了兴致，淳于髡继续说："有一次，韩子卢追逐东郭逡，绕着山追了三圈，又翻过山追了五趟。跑在前面的兔子累得筋疲力尽，在后面猛追的猎犬也跑不动了。它们都耗尽了自己的力量，最后累死在山上。"

4. 淳于髡接着说:“有个农夫看见累死的猎狗和兔子，不费吹灰之力就得到了好处。要是齐国和魏国打起来，长期相持不下，将双方的人力、物力和财力都消耗掉，其他诸侯国一定会像刚才我说的那个农夫那样坐享其成。”齐宣王听了很害怕，就打消了进攻魏国的念头。

(邵杰)

和而不同

【解释】和：和谐。同：相同，引申为苟同。意思是和睦地相处，但不随便附和。

【出处】《晏子春秋·外篇》：“晏子对曰：‘据亦同也，焉得为和。’公曰：‘和与同异乎？’……‘若以水济水，谁能食之？若琴瑟之专一，谁能听之？同之不可也如是。’”

1. 梁丘据是春秋时齐国的大夫，经常跟随在齐景公的左右，很受齐景公的信任。一天，齐景公从打猎的地方回来，在遄（chuán）台休息，相国晏婴在他身边陪侍，此时，梁丘据赶来拜见。

2. 齐景公对晏婴说：“你看，我手下有众多的臣子，只有梁丘据这么老远赶过来问候，可见梁丘据与我是最和谐、最亲密的呀！”

3. 晏婴回答说："您说得不准确。依我看来，梁丘据与您只是相同而已，哪里称得上和谐呢？"景公问："你怎么能这么说呢？难道和谐和相同不一样吗？"

4. 晏婴说："不一样。和谐好比是厨师做汤，用各种调味品来烹制美味，用火将它煮熟，以别的东西来补原料味道的不足，把其中太多太猛的方面减弱一些，直至味道适中。"

5. “味道适中的羹汤，不但味觉上使人舒服，君子吃了，心情也会平和、舒适。”

6.“国君与臣子的关系也是这样。国君认为对的事情，不一定都是对的，做臣子的要指出其中的错误，才是真正地对国君和百姓负责，才与自己的职责相配。”

7.“国君认为错误的东西或事情，不一定都是错误的，做臣子的要指出其中那些正确的、需要保留的，去掉那些错误的，这样才能保证国家政治清平而不错杀无辜，百姓们才会安居乐业，社会也才能长治久安。”

8.“所以《诗经》上说：‘最好的羹汤，应当是五味齐备而又平和，能够使人吃得舒服，精神愉悦。’这样的羹汤，就是神仙也会来分享。”

9.“先王之所以用很大的精力来调配五味、调和五声，就是要用五味、五声来平静内心，以达到成功治理国家的目的。声音也像气味一样，一气、二体、三类、四物、五声、六律、七音、八风、九歌，它们相辅相成；大小、长短、徐疾、刚柔、高下、出入等互相融合，听起来才美。”

10．“君子听了这样的音乐，心情就会愉快而平静。内心平静了，才会生出仁德之情、爱民之意，情绪才会稳定、和谐。所以，《诗经》上说：‘和谐美好的音乐没有瑕疵。’梁丘据却不是这样的。国君认为对的，他也跟着说对；国君认为不对的，他也跟着说不对。这完全是不辨对错真假，随声附和。”

11.“如果用水去调剂水，一样的清淡无味，这样的羹汤谁去喝它？如果琴瑟老是弹一个音，重复又单调，谁去听它？相同的东西相加，那就太单一而没有变化和发展了。”景公说：“你说得对。”从此，景公开始疏远梁丘据。

（邵杰）

华而不实

【解释】华：开花。花开得好看，但不结果实。比喻外表好看，内容空虚。

【出处】《晏子春秋·外篇》：“景公谓晏子曰：‘东海之中，有水而赤，其中有枣，华而不实，何也？’晏子对曰：‘昔者秦缪（mù）公乘龙舟而理天下，以黄布裹烝(zhēng，同“蒸”）枣，至东海而捐其布，破黄布，故水赤；烝枣，故华而不实。’”

1. 一天，齐景公和晏婴在一起闲聊，齐景公说："东海里面有一股红色的水流，里面生长着一棵枣树。这棵树只开花，不结果，你说这是怎么回事呢？"

2. 晏婴回答说："从前的时候，秦国的国君秦缪公乘着龙船巡游天下，他用一块黄色的布包裹着蒸熟的枣。当龙舟漂流到东海的时候，秦缪公就抛掉了黄布，那块黄布就将海水染红了，所以海水就成了红色。因为那些枣是被蒸熟了的，所以种植以后就只开花，不结果了。"

3. 齐景公不高兴地说："我不过是假装着问问，你怎么对我胡说八道呢？"晏婴说："对于那些假装提问的人，我就可以虚假地回答他。"

（邵杰）

画蛇添足

【解释】画蛇时给蛇添上脚。比喻做了多余的事，反而有害无益，徒劳无功。

【出处】《战国策·齐策二》：“舍人相谓曰：‘数人饮之不足，一人饮之有余。请画地为蛇，先成者饮酒。’一人蛇先成，引酒且饮之……一人之蛇成，夺其卮（zhī，古代盛酒的器皿）曰：‘蛇固无足，子安能为之足？’”

1. 楚国大将昭阳率楚军攻打魏国，打败了魏军，占领了八座城池，又率军去攻打齐国。陈轸充任齐王使者去见昭阳，劝他不要攻打齐国。

2. 陈轸向昭阳行过拜见之礼后，祝贺楚军取得的胜利。为了让昭阳打消进攻齐国的念头，陈轸给他讲了一个故事。陈轸说：楚国有个贵族，在祭祀过祖先以后，将一壶酒赏赐给了自己的门客们。

3. 他的门客们互相商量说：“这酒肯定是美酒，谁都想喝。可是，我们这么多人，酒就这么一壶，大家一起喝，肯定不够，要是一个人喝还差不多。”

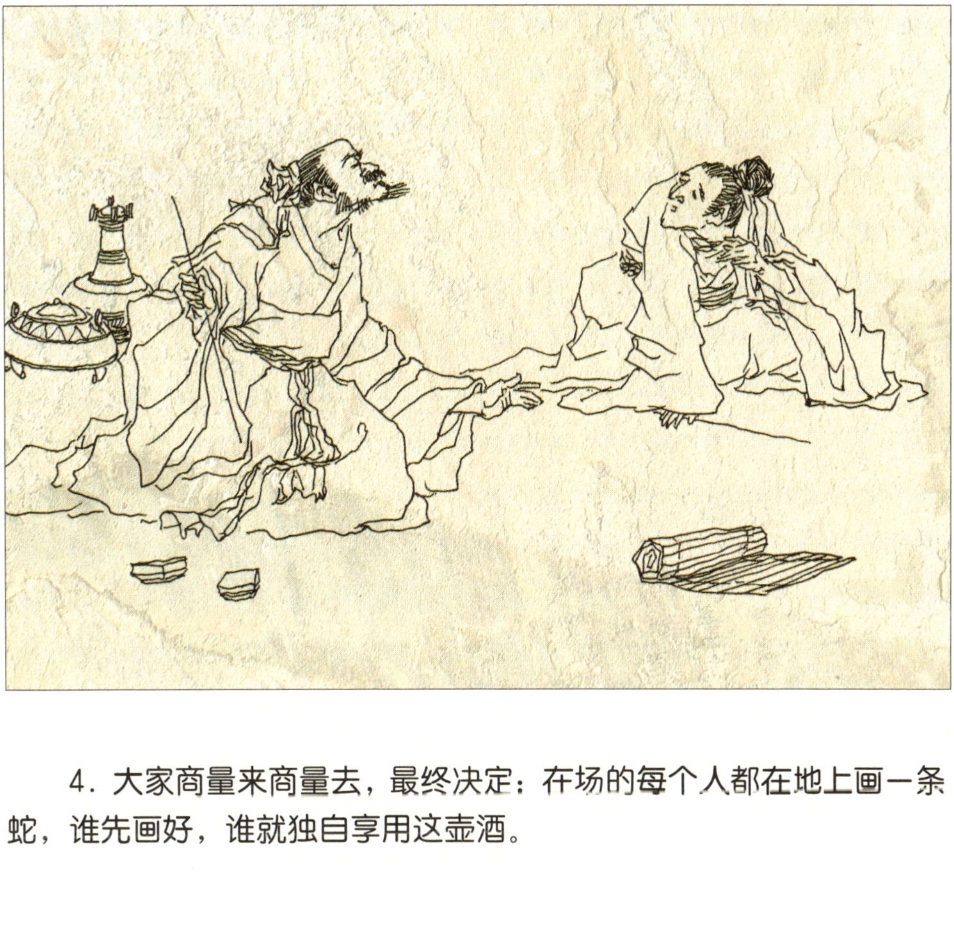

4. 大家商量来商量去，最终决定：在场的每个人都在地上画一条蛇，谁先画好，谁就独自享用这壶酒。

5. 有一个门客画得又快又好，别人有的才画了一点，有的才画了一半，他就已经快画完了。他认为这壶酒一定是自己的了，于是迫不及待地拿起酒壶，准备画完后就饮下美酒。

6. 他用左手拿着酒壶，右手继续画蛇，很快就画完了。他一边得意地欣赏着自己的作品，一边想：我比任何人画得都快，现在还有剩余时间，我不妨再添上几笔。对，就为蛇画上脚吧！

7．于是，他重新拿起笔来，在自己画好的蛇上画脚，还没等他把蛇脚画完，另一门客的蛇画好了，一把抢过他手里的酒壶，说："蛇本来就没有脚，你怎能为它添上脚呢?"于是，就喝掉了那壶酒。

8. 那个画蛇脚的人只好眼睁睁地看着别人将美酒喝进了肚了里。虽然他比别人画得快，也比别人画得好，却最终因为多此一举而失掉了那壶酒。这是多么令人遗憾的事啊！

9. 陈轸接着又启发昭阳：现在将军率军打败了魏国，齐国已经感到震惊和恐慌，你凭这些就足以立身扬名了。如果战无不胜却不懂得适可而止，只会招致杀身之祸，该得的官爵将不为将军所有，正如画蛇添足一样！昭阳认为他的话有道理，就撤兵回国了。

（吕祥森）

挥汗成雨

【解释】挥：洒，泼。形容人多。用手抹汗，汗洒下去就跟下雨一样，也形容出汗多。

【出处一】《晏子春秋·内篇杂下》："临淄三百闾（lǘ，古代二十五家为一闾），张袂（mèi，衣袖、袖口）成阴，挥汗成雨，比肩继踵而在，何为无人？"

【出处二】《战国策·齐策一》："连衽（rèn，衣襟）成帷，举袂成幕，挥汗成雨。"

比肩继踵

【解释】比：靠近，挨着。踵：脚后跟。肩擦着肩，脚挨着脚。形容人很多，接连不断。

【出处】《晏子春秋·内篇杂下》："临淄三百闾，张袂成阴，挥汗成雨，比肩继踵而在，何为无人？"

1. 公元前531年，楚国攻打陈国和蔡国，陈、蔡两国向晋国和齐国求救，晋国害怕楚国，不敢出兵援助，齐景公也不敢贸然出兵，决定先派晏婴到楚国去摸一摸底细。晏婴接受派遣以后，欣然前往。

2. 楚王听说齐国的使臣要来，召集文武百官商议，要把齐国的使臣羞辱一番，显显自己的威风。楚国君臣见晏婴个子矮小，相貌丑陋，就故意问：“难道你们齐国就没有人了吗？怎么会派你这样一个人来出使呢？”

3. 晏婴说："我们齐国有的是人。国都临淄城里人山人海，每个人挥一下袖子，就能汇成一片阴云；每个人甩一把汗，就像下雨一样。"

4. 晏婴继续说："我们临淄城中，大路上人来人往、拥拥挤挤，肩膀挨着肩膀，后边人的脚尖碰着前边人的脚跟，大王怎么说我们齐国没有人呢？"

5. 楚王说："既然是这样，你们国君为什么打发你这样一个矮小丑陋的人出国访问呢？"晏婴说："我们国家有个规矩，访问上等的国家，才派上等的使臣。我个子最矮，相貌最丑，所以就被派到贵国来了。"楚王听了，尴尬万分。

（吴凤霞）

讳疾忌医

【解释】讳：避讳。隐瞒疾病，不愿医治。因有顾忌而躲开某些事或不说某些话。

【出处】《史记·扁鹊仓公列传》：“扁鹊过齐，齐桓侯客之。入朝见，曰：‘君有疾在腠理（còu lǐ，皮肤、肌肉的纹理），不治将深。’桓侯曰：‘寡人无疾。’‘……今在骨髓，臣是以无请也。’后五日，桓侯体病，使人召扁鹊，扁鹊已逃去。桓侯遂死。”

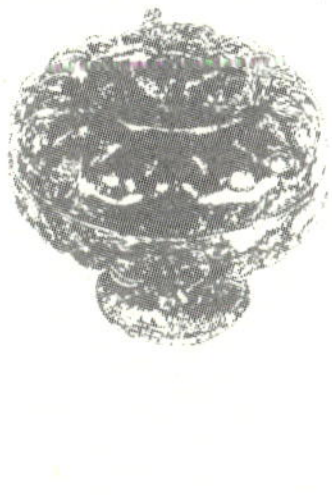

1. 有一次，扁鹊见到了齐桓侯田午，对他说："大王，您有病了。这病在皮肤里，现在还不严重，如果不及时治疗，恐怕就要恶化。"齐桓侯不信，冷冷地说："我没有病。"

2. 扁鹊走后，齐桓侯很不满意地说："做医生的总喜欢给没病的人治病，以显示他医术的高明。"过了五天，扁鹊又拜见齐桓侯，很郑重地说："大王，不好了，你的病进入到血脉里了，若不赶快治疗，就要有危险！"齐桓侯还是不信。

3. 又过了五天，扁鹊再去见齐桓侯，不由大吃一惊，叫道："糟糕，你的病已经深入到肠胃了，若再不治疗，就没救了！"齐桓侯气得连理也不理他。扁鹊见齐桓侯这样，就悄悄地走开了。

4. 又过了五天，扁鹊抱着一线希望再次来见齐桓侯，只“唉”了一声，转身就走。齐桓侯觉得奇怪，便派人去向扁鹊打听缘故。

5．扁鹊解释道：“病在皮肤是容易治的，用热敷就能治好。病在血脉，用针灸的办法就能治好。病到了肠胃的时候，吃汤药还有治好的希望。病入骨髓以后，就什么办法也没有了。现在桓侯的病已经到了骨髓里了。”

6. 又待了五天，齐桓侯果然病倒了，病势十分严重。这时，齐桓侯才彻底明白扁鹊说的是真的，便急忙派人去请扁鹊，可是扁鹊早已不见人影了。不久，齐桓侯就病死了。

（吴凤霞）

鸡鸣狗盗

【解释】鸣：叫。盗：偷东西。学雄鸡啼叫，装狗进行盗窃。指微不足道的本领，也指偷偷摸摸的行为。后多用作贬义，比喻那些既无真才实学，也无堂皇风度，只有低下本领的人。

【出处】《史记·孟尝君列传》：“最下坐有能为狗盗者，曰：‘臣能得狐白裘。’乃夜为狗，以入秦宫臧中，取所献狐白裘至，以献秦王幸姬。……孟尝君至关，关法鸡鸣而出客，孟尝君恐追至，客之居下坐者有能为鸡鸣，而鸡齐鸣，遂发传出。”

1. 战国时期，齐国的孟尝君喜欢招纳门客，号称宾客三千。孟尝君对他的门客都很热情，有才能的人让他们各尽其能，没有才能的人也给他们提供食宿，所以，门客们都愿意为他效劳。

2．当时，东方的齐国和西方的秦国是诸侯国中最为强大的两个国家，为了各自的目的和利益，两国决定建立友好关系。于是，秦昭王主动向齐湣(mǐn)王表示友好，把自己的弟弟派到齐国做人质，以加强两国合作，并要求齐国派相国孟尝君到秦国任职。

3. 齐湣王正想开疆拓土，又怕秦国前来干涉，乐得与秦国搞好团结，因此，他就派孟尝君前往秦国工作。战国时代，为确保和睦融洽，两国之间互相交换高级官员是结盟的一种表现。

4．孟尝君到了秦国，把一件狐白裘作为见面礼献给了秦昭王。当时还没有棉花，冬天时，人们往往用动物皮毛制成的皮裘来御寒，狐白裘是用狐狸腋窝下面的一小块白色皮毛缝制而成的，因取材艰难而异常珍贵。

5. 不久，有人对秦昭王说："孟尝君是齐国的贵族，他在自己的国家有封地、有亲人，怎么会真心实意地为我们办事呢？将他留在秦国是极其不利的，不如除掉他以绝后患！"秦昭王觉得有理，就把孟尝君和他的手下软禁起来，打算时机成熟时再将他杀掉。

6．孟尝君听说自己的性命即将不保，十分着急，连忙派人向秦昭王最宠爱的妃子求情，希望她在秦昭王面前帮忙说说好话，放过自己。秦昭王的宠妃答应帮忙，但是提出了一个条件：要一件狐白裘作为交换。

7. 孟尝君只有一件狐白裘，已经作为见面礼献给秦昭王了，听说秦王的宠妃也想要狐白裘，孟尝君急得像热锅上的蚂蚁，搓着手团团转圈。他的一个门客自告奋勇地说："您不用着急，我有办法弄到狐白裘。我会学狗叫，可以装扮成狗，把您原先送给秦王的狐白裘偷回来。"

8. 到了晚上，那个门客就化装成狗，从狗洞钻进了秦王的储物库。为了不引起守卫的注意，他一边学着狗叫，一边双手着地像狗一样行走，盗走了那件狐白裘，还给了孟尝君。

9. 孟尝君派人将狐白裘送给了秦昭王的宠妃。秦昭王的宠妃不断地向秦王说：“孟尝君是个大贤人，您要是杀了他，天下的贤士都会感到寒心，这会影响您的威望，不如放了他算了！”秦昭王经不住宠妃的软磨硬泡，终于答应放孟尝君回齐国。

10．听到这样的好消息，孟尝君生怕秦昭王变卦，不敢耽搁，立即带人连夜赶往齐国。他们快马加鞭，日夜兼程，到达函谷关（今河南省灵宝市北，当时是秦国的东大门）时，正是半夜。按照当时秦国的法律，每天鸡叫以后，通往国外的大门才能打开。孟尝君一行被困在函谷关大门内，急得直跺脚。

11．这时，一个门客走过来说："我有办法。"说完，他仰起脖子，捏起鼻子，学起了公鸡打鸣。因为他学得惟妙惟肖，城门附近的鸡以为到了打鸣的时间，全都跟着叫了起来。守关的士兵听见周围的鸡纷纷打鸣，以为天快亮了，就打开了城门。

12. 一见城门打开，孟尝君大喜过望，立即带领人马一溜烟地出了函谷关。不久，秦昭王回过味来，发现自己放走孟尝君是一个极大的失误，立即派人追赶，想把孟尝君一行拦截在关内。当他的追兵赶到时，孟尝君一行早已通过关口走远了。孟尝君靠着这些鸡鸣狗盗之士顺利地回到了齐国。

（邵杰）

及瓜而代

【解释】两人轮流守一个地方，瓜熟的时候赴任，等到第二年瓜熟的时候就派人替换。指任职期满，定期替换。后来引申为有一定的轮替期限，期限一到，自然有人接替。

【出处】《左传·庄公八年》："齐侯使连称、管至父戍葵丘。瓜时而往，曰：'及瓜而代。'"

1．齐襄公派连称、管至父去戍守边境葵丘。当时，驻守边疆是非常艰苦的。临出发时，连称和管至父一起向齐襄公请示，问什么时候派人去接替他们。当时正值夏季，齐襄公恰好在吃瓜，就随口说：“等到明年瓜熟时节就派人去替换你们。”

2. 尽管戍守边境辛苦而寂寞，但是连称和管至父想到只有一年的时间，也就慢慢地静下心来。两个人数着日子，尽职尽责地完成了一年的戍守任务。

3. 好不容易盼到了瓜熟时节，但他们左等右等，就是不见国君派人来接替他们。两人就商量：国君可能是忙于别的事情，将换防的事情忘记了，我们应该提醒提醒他。于是，他们就以瓜作为礼物，派人给齐襄公送去，趁机提醒齐襄公：瓜熟的季节已经到了，请国君兑现自己许下的诺言。

4. 齐襄公见到瓜，明白连称和管至父的用意，但是他对送瓜的人说："派不派人去接替他们由我说了算，他们要回来，等到下一年瓜熟了再说吧！"听了齐襄公的话，连称和管至父两人怒火中烧，便偷偷地去投靠与襄公有仇的公孙无知，准备除掉齐襄公。

5. 在一个冬天，早有预谋的公孙无知、连称和管至父三个人，带着戍守边关的部队起事谋反，向毫无防备的齐襄公发起攻击。

6．齐襄公在慌乱中被公孙无知斩杀，后来，公孙无知自立为齐国国君。

（韩雷声）

见异思迁

【解释】迁：改变。意思是看见别的事物就改变原来的主意。指意志不坚定或喜好不专一。

【出处】《管子·小匡》："则父与父言义，子与子言孝，其事君者言敬，长者言爱，幼者言弟。旦昔从事于此，以教其子弟。少而习焉，其心安焉，不见异物而迁焉。"

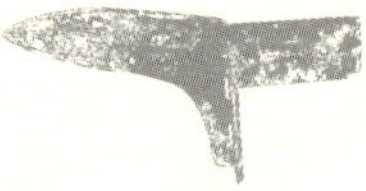

1. 齐桓公任用管仲为相国，十分信任他，经常向他询问治国之道。一天，齐桓公向管仲请教："怎样来划定百姓的居住区域，安排他们各司其职呢？"

2. 管仲说："士、农、工、商四大阶层是国家发展的支柱。他们各自从事的职业不一样，要是杂居在一起，行业之间就会互相影响而很难提高。因此，要安排士居住在清闲之地，农业生产者住在田野附近，将工匠安排在官府附近，商人则让他们居住在市场附近。"

3. 管仲接着说："如果将士、农、工、商分开，让同一种行业的人居住在一起，各行业不仅在职业上子承父业、世袭相传，邻里之间还可以相互切磋、相互影响，大家共同提高技艺。这样，职业技术和职业道德就会代代相传。"

4. 管仲又说："各行业的后代子孙从小耳濡目染，习惯了他们身边的人以及所从事的职业，这样就能达到思想安定，不见异思迁，一门心思地干好自己的事，国家也就安定了。"齐桓公采用了管仲的意见，将齐国治理得井井有条。

（韩雷声）

姜太公钓鱼，愿者上钩

【解释】比喻心甘情愿地钻圈套。

【出处】《武王伐纣平话》："姜尚因命守时，直钩钓渭水之鱼，不用香饵之食，离水面三尺，尚自言曰：'负命者上钩来！'姜尚自叹曰：'吾今鬓（bìn，脸旁靠近耳朵的头发）发苍苍，未遇明主！尚止北望岐州，想文王是仁德之君；吾在此直钩钓鱼，数载并无一人来相顾。我有心兴周破纣安天下，吾待离了此个明君，恐无似西伯侯有仁德。且守天时。'"

1．商朝末期，商纣王暴虐无道，民不聊生。姜太公不满商朝的统治，一心想投靠一位明主来施展自己的才能。此时，西部周国的西伯姬昌（后为周文王）施行仁政，得到了百姓的拥护。为了推翻商朝统治，建立新政权，姬昌正在广泛寻求贤能之人。

2. 姜太公听说姬昌正在招纳人才的消息后，毅然离开了商朝国都，来到了周国的领地渭水之滨。他每天都在磻(pán) 溪垂钓，以静观事态的变化，等待出山的时机。

3. 一般人钓鱼，都是用弯钩，上面挂上香饵，并把鱼钩沉在水里诱骗鱼儿上钩。而姜太公的鱼钩是直的，上面不挂鱼饵，并且离水面三尺高。他一边高举鱼竿，一边说："鱼儿啊，你们要是愿意的话，就自己来上钩吧！"

4. 一天，有个砍柴的老汉见姜太公用直钩钓鱼，便说："像你这样钓鱼，一百年也钓不到一条。"姜太公举了举钓竿说："对你说实话吧，我根本不是为了钓鱼，而是为了钓王与侯。"

5. 姬昌知道了这件事，派士兵去把姜太公找来。姜太公不理睬这个士兵，只顾自己钓鱼，并自言自语地说：“钓啊，钓啊，大鱼不上钩，小鱼来胡闹！”姬昌又派一名官员去请姜太公，姜太公仍然不予理睬。

6. 姬昌这才意识到这个钓鱼的人不简单，必须自己亲自去请才行。于是，他吃素三天，沐浴更衣，带着厚礼去请姜太公。姜太公见姬昌诚心诚意地爱惜人才，便跟着他回去了。后来姜太公辅佐周文王和他的儿子周武王推翻了商朝，建立了周朝，又被分封到营丘（今淄博市临淄区境内），开创了齐国的基业。

（吴凤霞）

狡兔三窟

【解释】狡：狡猾。三：形容多。窟：洞穴。意思是狡猾的兔子准备好几个藏身的窝。比喻隐蔽的地方或方法很多，做好了充分的准备，也指预备了多条后路。

【出处】《战国策·齐策四》：“狡兔有三窟，仅得免其死耳。”

高枕而卧

【解释】把枕头垫得高高的，无忧无虑地睡大觉。原形容平安无事，不必担忧。后也指思想麻痹，放松警惕。

【出处】《战国策·齐策四》：“狡兔有三窟，仅得免其死耳；今君有一窟，未得高枕而卧也。”

扶老携幼

【解释】扶：搀着。携：牵着。扶着老人，带着小孩。形容男女老少成群结队而行。

【出处】《战国策·齐策四》：“孟尝君就国于薛。未至百里，民扶老携幼，迎君道中。”

1. 孟尝君名叫田文，是战国四公子之一，齐国的宗室大臣。为了巩固自己的地位，获得更多的支持和拥护，孟尝君到处招揽人才，在府中养了许多门客。

2. 齐国有个叫冯谖的人，家境贫穷。为了生活，他托人请求孟尝君，说愿意投靠在他的门下。孟尝君问："他有什么爱好？"推荐的人回答说："没有什么爱好。"孟尝君又问："他有什么本事？"推荐的人回答说："没什么本事。"孟尝君笑了笑，就收留了他。

3. 刚来的时候，冯谖被当成下等门客，周围的门客都看不起他。冯谖对此很不满意，整天敲打着自己的长剑高声唱：“长剑啊！咱们回去吧，因为没有鱼吃！”孟尝君听说以后，就将他升为有鱼吃的门客。

4. 过了一阵子，冯谖又敲着剑唱道：“长剑啊！咱们回去吧，因为出门没有车坐！”孟尝君又将他升为有车坐的门客。过了一阵子，冯谖又敲着剑唱道：“长剑啊！咱们回去吧，我无法养活家人！”孟尝君听说冯谖家里有一个老母亲，就派人按月给他母亲送钱粮。从此，冯谖再也不发牢骚了。

5. 后来，孟尝君当上了齐国的相国，他的门客也发展到了三千人。尽管收入不少，可养活这么多人，孟尝君还是感到力不从心。他想到自己在薛邑还放了一大笔高利贷，已经好久没有去收利息了，就决定派人去收回来。

6. 孟尝君拿出账簿，问门客："谁能为我到薛邑去收债？"冯谖自告奋勇去收债，孟尝君就派他去了。临行前，他问孟尝君："收完债后，要买些什么东西回来呢？"孟尝君随口说："你看我家里缺什么就买点什么回来吧！"

7. 冯谖到了薛邑，召集那些债户前来核对债券。当债券核对完毕后，冯谖假传孟尝君的命令，把债券统统烧毁了。百姓十分感激，纷纷跪下，叩头感谢孟尝君。

8. 回去后，冯谖将这件事情告诉了孟尝君。见孟尝君很不高兴，冯谖说："薛邑是您立足的根基。您不但对封地的百姓没有恩惠，还放高利贷盘剥他们，这是自伤根基。我烧掉债券，百姓都感激您，这就是我给您买回来的东西，它叫做'义'。"孟尝君没有再说什么。

9．一年以后，孟尝君遭到陷害，被罢官。他无处可去，只好回到自己的封地薛邑。当离薛邑不到一百里路程时，百姓们扶老携幼，前来迎接孟尝君。孟尝君回头对冯谖说：“先生为我买回的‘义’，现在我看到了。”

10．冯谖说："俗话说：狡猾的兔子有三个藏身之地。就是这样，也只不过是免于死亡而已。我替您买下的这个'义'，只算是一条出路，还不能放心地睡大觉，请允许我再替您找好两条出路。"

11．冯谖到梁国对梁王说："诸侯谁先得到孟尝君，谁就国富兵强。"梁王让出了相位等待孟尝君，并派人带了厚礼迎接孟尝君。

12. 齐王听说后，提前将孟尝君封为相国。冯谖告诉孟尝君："您要向国君请求在薛邑建立宗庙。"当宗庙建成后，冯谖对孟尝君说："三窟已经建成，您可以安安稳稳地过快乐的日子了。"

（吴凤霞）

嗟来之食

【解释】嗟（jiē）：不礼貌的招呼声，相当于现在的“喂”。指侮辱性的不怀好意的施舍。

【出处】《礼记·檀弓下》：“黔（qián）敖左奉食，右执饮，曰：‘嗟！来食！’扬其目而视之，曰：‘予唯不食嗟来之食，以至于斯也。’从而谢焉，终不食而死。”

1. 有一年，齐国发生了大灾荒，庄稼全死光了，所有库存的粮食也都吃完了。灾民吃完了树叶吃树皮，吃完了幼苗吃草根，眼看着一个个都要饿死了。

2. 有一个叫黔敖的富人，把做好的饭摆在路边，施舍给过往的饥民们。每当过来一个饥民，黔敖便丢过去一块干粮，傲慢地喊：“喂！叫花子，过来吃吧！”有时候，过来一群人，黔敖便丢出去好几块干粮，让饥民们互相争抢。

3. 这时，有一个瘦骨嶙峋的饥民走过来，只见他乱蓬蓬的头发，衣衫褴褛，一边用破旧的衣袖遮住面孔，一边摇摇晃晃地迈着步。由于几天没吃东西，他已经饿得快支撑不住了，走起路来东倒西歪的。

4．黔敖看见了，左手拿着干粮，右手端着一碗汤，对着那个饥民大声吆喝着："喂，过来吃！"那个饥民像没听见似的，根本不理他。

5. 黔敖又叫道："喂，听到没有？给你吃的！"那个饥民瞪大双眼，看着黔敖说："收起你的东西吧！我就是因为不吃这样带有侮辱性的食物，才落到今天这样的地步！"

6. 那个饥民连看也不看黔敖手中的食物，昂起头又大声说："我宁愿饿死也不吃嗟来之食！"黔敖觉得自己做得不对，连忙向他道歉，那个饥民仍然不吃，终于饿死了。

（王本昌）

金壶丹书

【解释】比喻锦囊妙计。

【出处】《晏子春秋·内篇杂上》："景公游于纪，得金壶，乃发视之，中有丹书，曰：'食鱼无反，勿乘驽（nú，劣马、走不快的马）马。'"

1. 纪国是齐国东面的一个国家，后来被齐国所灭。一天，齐景公和晏婴来到原来纪国的国土上游玩。景公捡到一个金壶，打开一看，里面有一张用朱砂写的字条，上面写着：“吃鱼只吃一面，不要翻过来吃；不要用劣马拉车。”

2. 齐景公说："有道理！吃鱼只吃一面，不翻过来吃，是因为不喜欢它的腥味；不用劣马拉车，是害怕它走不了远路。"

3．晏婴说："你理解得不对。吃鱼只吃一面，不要翻过来吃，是告诫人们要爱惜民力，不要耗尽百姓的财力；不要用劣马拉车，是告诫人们要任用有才德的人，不要把那些品行不好又没有才能的人安排在自己的身边。"

4．齐景公说："纪国有这样充满哲理的言语，有这样深刻的认识，怎么会亡了国呢？"晏婴回答说："好的政策应该推广到全国，并应用到实践中。纪国有这样深刻的警句，却藏在金壶里而不被采纳和利用，不亡国才怪呢！"

（邵杰）

九合一匡

【解释】九合：多次聚会。匡：匡正。本指齐桓公称霸，多次会合诸侯，使天下混乱的政局得以安定。形容有治国安邦的才能。

【出处一】《论语·宪问》：“管仲相桓公，霸诸侯，一匡天下。”

【出处二】《晏子春秋·内篇问下》：“景公问晏子曰：昔吾先君桓公，从车三百乘，九合诸侯，一匡天下。”

【出处三】《管子·小匡》：“桓公召管仲而谋，管仲对曰：‘为君不君，为臣不臣，乱之本也。’桓公曰：‘余乘车之会三，兵车之会六，九合诸侯，一匡天下。’”

1．周王朝时期实行的是分封制，即：周王是天子，周王朝之下又分封了许多诸侯国，如齐国、鲁国、晋国等。到了春秋时期，周王朝软弱无能，地方各诸侯国的势力却日渐强大，他们都不把周天子放在眼里，也不去朝拜进贡，周天子的地位岌岌可危。

2. 各诸侯国的实力相差较大，彼此为了争夺利益混战不休，许多小国被灭，秩序混乱。此时，北方的游牧民族也趁机侵扰，天下局势动荡不安。

3．当时齐国的国君是齐桓公，他任用管仲为相国，实行了一系列改革，国家很快就强大起来。为了树立自己的威信，扭转混乱的局面，他提出了“尊重周天子、打击少数民族侵略”的口号，从经济、军事和外交上帮助弱小的国家，协助一些国家平定了暴乱，壮大了自己的声威。

4．从公元前681年开始，齐桓公先后多次召集其他诸侯国进行集会，其中最重要的一次是公元前651年的“葵丘会盟”（葵丘在今河南省商丘市民权县东北）。这次会盟，周襄王也派代表参加，对齐桓公极力表彰。这是齐桓公召集诸侯会盟最盛大的一次，标志着齐桓公成为诸侯国的霸主。

（邵家朋）

屦贱踊贵

【解释】屦（jù）：古代用麻葛编成的鞋。踊（yǒng）：古代受过刖（yuè）刑的人穿的木鞋，也就是假脚。原指被砍脚的人很多，致使鞋子便宜而假脚昂贵。后形容刑罚既重又滥。也比喻犯罪的人多。

【出处一】《左传·昭公三年》：“公曰：‘何贵何贱？’于是景公繁于刑，有鬻（yù，卖）踊者。故对曰：‘踊贵屦贱。’既已告于君，故与叔向语而称之。景公为是省于刑。”

【出处二】《晏子春秋·内篇问下》：“国都之市，屦贱而踊贵。民人痛疾，或燠(yù)休之……其爱之如父母，而归之如流水，无获民，将焉避？”

1. 晏婴虽然身为相国，位高权重，但是一直住在低矮、狭小的房子里，周围住的全是平民百姓。齐景公认为晏婴整日为国出力、为民分忧，功劳很大，而破旧的宅院与他的地位和功绩很不相配，就考虑为他重新建一处豪华的府邸。

2. 一天，齐景公对晏婴说："你的住宅临近闹市，噪声不断，影响休息，地势又低洼，雨雪天时潮湿阴冷，天气晴朗时尘土飞扬，根本不适合居住。我想选块地势高、土质干的地方给你建一所高大明亮的房子，让你和你的家人居住。"

3. 晏婴首先感谢齐景公的好意，然后推辞说："我的父亲就住在这里。比起我的父亲来，我的贡献差远了，我还怕自己不够条件住在这里呢！况且我家靠近市场，需要什么也容易买到，给家人带来很多方便，我已经占了很多便宜了。"

4. 齐景公见晏婴不肯搬家，就转移了话题。他问晏婴："你的住处既然临近闹市，你经常路过那里，你的家人也经常到市场上去买东西，那么，你知道现在什么东西贵，什么东西贱吗？"

5．当时，齐景公滥用酷刑，受刖刑（即遭砍脚）的人不少。脚被砍掉的人为了生存和美观，一般要装上假脚。这样一来，假脚就有很大的市场。所以，晏婴回答说："目前市场上假脚贵，鞋子贱。"

6. 景公听了，收起笑容，流露出凄怆的神色。他明白，这是晏婴在向他反映国家的刑法过重、过滥，已经影响到百姓的日常生活了！此后，齐景公废除了一些肉刑，给百姓减轻了痛苦。

“屦贱踊贵”还有另外一个典故：

1．公元前539年，晏婴和晋国的大臣叔向一同参加宴会，进行了一次推心置腹的交谈。叔向关心地问：“齐国目前的形势怎么样？”晏婴无奈地叹了口气：“唉！到了末世了。我不能不说齐国可能会属于田氏（古时‘陈’与‘田’相通，田氏又称为陈氏）了。”

2. 叔向忙问原因，晏婴说："我自己心里像明镜一样，可是不知道该怎样说好。齐国有四种量器，四升为一豆，四豆为一区，四区为一釜，十釜为一钟。田氏的豆、区、釜三种量器都加大四分之一，钟的容量就更大了。每年青黄不接时，他们用自家的大量器向百姓借出粮食，百姓归还粮食时，他们用公家的小量器收回。这是在收买人心啊！"

3. 晏婴接着分析："百姓的收入如果分为三份，那么两份归于国君，只有一份用来维持生存。国君的积蓄已经多得在仓库里腐朽生虫，老人们却在挨冻受饿。国都的市场上，鞋子不值钱而假脚却很昂贵，这是滥施酷刑的结果。这怎能不引起百姓的不满呢？老百姓都不满意了，国君的威信就会大大降低。"

4. 晏婴又说："另一方面，百姓有痛苦疾病，田氏就积极帮助，厚加赏赐。他爱护百姓如同父母，百姓归附他如同流水。田氏就是不想得到百姓的拥护也是不行了。田氏不久就要取代现在的姜氏而统治齐国了。"

5. 果然，田氏因爱惜民众而取得了民心，姜氏却因为腐朽堕落和滥施刑罚而失掉了民心。公元前391年，田氏后人田和把姜齐最后一任国君齐康公撵到了海边，自己做了国君。公元前386年，田和正式成为齐侯，开始了齐国历史上的田齐时代。晏婴准确地预见了田氏取代姜氏统治齐国的历史变更。

（邵杰）

康庄大道

【解释】康庄：平坦，通达。在古代，五路通达的大道叫做“康”，六路通达的大道叫做“庄”。原意是指宽阔平坦、四通八达的大道。比喻光明而美好的前途。

【出处】《史记·孟子荀卿列传》：“于是齐王嘉之，自如淳于髡以下，皆命曰列大夫，为开第康庄之衢（qú，大路、四通八达的道路），高门大屋，尊宠之。览天下诸侯宾客，言齐能致天下贤士也。”

1. 战国时期，齐国在国都临淄稷门一带设置学宫，招揽了诸多文学游说之士。

2. 来到齐国的学者多达数千人，比较著名的有淳于髡、邹衍、慎到、环渊、田骈、邹奭(shi) 等，他们著书立说，对社会变革、政治制度等提出了一系列主张，并游说当时的国君采纳他们的建议。

3. 齐国国君为了奖励这些讲学议论的学者，将淳于髡、慎到、田骈等人任命为大夫，并为他们建造高大的住宅，修筑宽阔平坦、四通八达的道路，赐给他们很多仆从、财宝、车马，使他们备受尊重和恩宠。一时间，齐国人才济济，稷下学宫成为当时百家争鸣的重要阵地。

4. 由于齐国一直以来实行变革、开放、务实、包容的政策，经济发达，人口众多，加上几代国君广开言路，招揽天下贤明之士，所以出现了前所未有的繁荣景象。特别是国都临淄，道路宽广平坦，人们生活富裕，商贾云集，车水马龙，成为当时有名的大都会。

（邵杰）

滥竽充数

【解释】滥：失实的，假的。竽：古代的一种吹奏乐器，像笙。充数：凑数。不会吹竽的人混在吹竽的队伍里充数。比喻无本领冒充有本领，以次充好。有时也用于自谦。

【出处】《韩非子·内储说上》："齐宣王使人吹竽，必三百人。南郭处士请为王吹竽，宣王说（yuè,悦）之，廪（lǐn，米仓，也指储藏的米）食以数百人。宣王死，湣王立，好一一听之，处士逃。"

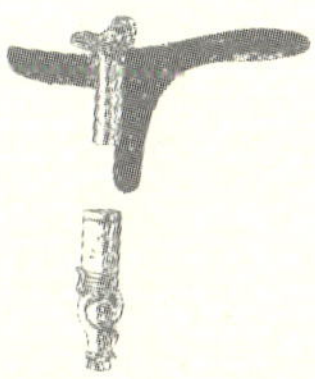

1．齐宣王爱好音乐，尤其喜欢听吹竽，他手下有三百个吹竽的乐师，个个都是高手。齐宣王喜欢热闹，爱摆排场，总想在人前显示做国君的威严，所以每次听吹竽的时候，总是叫这三百个人在一起合奏给他听。

2. 有个南郭先生跑到齐宣王那里去，吹嘘自己说：“我是个有名的乐师，听过我吹竽的人没有不被感动的，就是鸟兽听了也会翩翩起舞。”齐宣王听了十分高兴，把他也编进了吹竽队中。从此，南郭先生就随着那三百个人一块儿合奏给齐宣王听，和大家一样享受着优厚的待遇。

3. 其实南郭先生压根儿就不会吹竽，每逢演奏的时候，他就捧着竽混在队伍中，装腔作势，蒙混过关。这样过了一天又一天，南郭先生一直不劳而获地白白拿着薪水。

4．可是好景不长，齐宣王死了，他的儿子齐湣王继承了王位。齐湣王也喜欢听吹竽，可是他不喜欢听合奏，而是喜欢听独奏。他让三百个人一个一个地吹，让他欣赏。混在队伍里冒充行家的南郭先生只好连夜收拾行李逃走了。

（吕祥森）

老马识途

【解释】老马能辨认道路。比喻经验丰富的年长者熟悉情况，能找到解决问题的正确途径。

【出处】《韩非子·说林上》："管仲、隰朋从于桓公而伐孤竹，春往冬反，迷惑失道。管仲曰：'老马之智可用也。'乃放老马而随之，遂得道。"

1. 山戎是我国春秋时期北方的一个少数民族（活动范围在今河北省北部），与燕、齐、赵三国接壤，经常在三国边境进行掳掠和骚扰。

2．一次，山戎侵犯燕国，燕国向齐国求救，齐桓公率军救燕。

3. 在讨伐山戎的同时，齐国军队又进攻孤竹国（今河北省卢龙县）和令支国（今河北省迁安市、迁西县、滦县北部）。

4. 齐国的相国管仲和大夫隰朋跟随齐桓公进攻孤竹国。齐军是春天出征的，到凯旋的时候已经是冬天了。

5. 此时，草木已经枯黄，不是原来的模样了。齐国军队在山中转来转去，迷失了方向，再也找不到来时的路了。

6. 齐桓公非常着急。管仲见状，忙向齐桓公建议说：“我听说老马能够记住自己走过的道路，我们不妨令人挑选几匹老马，让它们走在队伍的前面，或许可以找到路。”

7. 齐桓公依言，命令士兵牵出几匹老马，解开它们的缰绳，将它们放在队伍前面，军队紧随其后，果然顺利地走出险地。

（吴凤霞）

乐极生悲

【解释】极：到极点。意思是高兴到极点时，就会走向高兴的反面，发生使人悲伤的事。

【出处】《史记·滑稽列传》：“故曰酒极则乱，乐极则悲；万事尽然，言不可极，极之而衰。”

杯盘狼藉

【解释】狼藉：狼窝里的草，比喻杂乱。杯子、盘子乱七八糟地放着。

【出处】《史记·滑稽列传》：“日暮酒阑，合尊促坐。男女同席，履舄（xi）交错，杯盘狼藉。”

1. 淳于髡是战国时期齐国著名的政治家和思想家，稷下学宫中最有影响的学者之一，以博学多才、善于辩论著称于世。一次，楚国要进犯齐国，淳于髡奉齐威王之命到赵国搬来救兵，吓退了楚国。齐威王非常高兴，特意摆下酒席招待淳于髡。

2. 齐威王问淳于髡："先生，你喝多少酒才会醉呢？"淳于髡一看这架势，知道齐威王又要彻夜喝酒，又必定要一醉方休。他想：不如趁这个机会，规劝国君改掉彻夜饮酒、不勤于政事的习惯。于是，他回答说："我喝一斗酒也醉，喝一石（dàn）酒也醉。"

3. 齐威王听了非常疑惑，问道："你说自己喝一斗就醉了，怎么又能喝一石呢？能把这个道理说给我听听吗？"（在古代，斗和石都是量器，一石等于十斗。）

4. 淳于髡说："大王您当面赏酒给我，执法官站在旁边，御史站在背后，我心惊胆战，低头只顾喝酒，喝不了一斗就醉了。要是有尊贵的客人来我家看望我的父母，我端着酒敬客，客人也敬我，彼此你来我往，喝不到两斗就醉了。要是朋友间交游，高兴地讲述往事，互相倾吐衷肠，大约喝五六斗就醉了。"

5. 淳于髡接着说："要是乡里之间的聚会呢，男女一同就座，彼此敬酒，没有时间限制，这种时候我可以喝上八斗酒。当天黑了，酒也快喝完了，把残余的酒并到一起，男女同席，杯盘杂乱不堪，屋里的蜡烛已经熄灭，衣襟已经解开，这时我心里最为高兴，能喝下一石酒。"

6. 淳于髡总结说：“喝酒到了极点，就会因酒醉而乱了礼节；欢乐到了极点，就会发生悲痛的事。做事情也是一样，超过了一定的限度，就会走向反面。”

7．一席话，说得齐威王心服口服，当即痛快地表示接受淳于髡的劝告，今后不再彻夜饮酒作乐。

（曹建）

令行禁止

【解释】命令让行动就立即行动，命令让禁止就立即禁止。形容执行命令坚决，雷厉风行。

【出处】《管子·立政》："为之而成，求之而得，上之所欲，小大必举，事之所期也。令则行，禁则止，宪之所及，俗之所被。如百体之从心，政之所期也。"

1.《管子·立政》中说：接到上级的征召就立即来到，受到上级的派遣就立即前往，老百姓服从君王的命令，这是国家教化所期望达到的结果。这种教化，起初还看不出效果，最后的效果却相当大。全国上下一盘棋，万众一心干事情，这是日常训练的目的。

2．不加命令而积极主动地办事，不用派遣就主动前往，不用上级要求，人民就尽心尽力，这是树立风俗所要达到的目标。君主的意图还没有说出来，百姓就行动起来；刑法还没有实行，人民就知道恐惧；奖赏还没有实行，人民就加以勉励：这是推行诚信所要达到的目标。

3. 做事情善始善终，取得的成果没有人去争夺，这是遵守天道所要达到的结果。做事情能够成功，目标能够实现，上级所要求的大小事情都能办利索，这是办事所要达到的结果。

4．命令行动就立即行动，命令停止就立即停止，凡是法律和道德所影响到的地方，就像身体的各个部位服从内心一样，这是治理国家所期望达到的目标。

（邵杰）

洛阳纸贵

【解释】比喻作品风行一时，广为流传。

【出处】《晋书·文苑传·左思》：“于是豪贵之家竞相传写，洛阳为之纸贵。初，陆机入洛，欲为此赋，闻思作之，抚掌而笑，与弟云书曰：‘此间有伧父，欲作《三都赋》，须其成，当以覆酒瓮耳。’及思赋出，机绝叹伏，以为不能加也，遂辍笔焉。”

1．左思是临淄人，西晋时期著名的文学家。他小的时候脑子比较迟钝，父亲曾教他写字和弹琴，他都没有学成。父亲生气地指着左思对他的朋友说："我这个儿子什么都学不成，太笨了！"左思听了很难过，从此暗下决心，一定要学出个样来。

2．洛阳、成都和建业（今南京市）曾经分别是魏、蜀、吴三国的都城，西晋统一后，三个都市都繁荣起来。于是，左思决定创作一部描写三个都城及三国概况的著作，定名为《三都赋》。他在家里的门窗上、墙上甚至厕所里都放了纸和笔，每想到一句，便立即记下来。

3. 当时，文学家陆机听说名不见经传的左思准备写《三都赋》，嘲笑他不自量力。但是左思不理睬这些，仍然坚持构思和写作。经过十年的努力，终于完成了《三都赋》的创作，即《魏都赋》、《吴都赋》和《蜀都赋》。

4.《三都赋》完成以后，起初并没有得到好评。后来，左思带着自己的作品去拜访当时很有名气且为人正直的皇甫谧(mì)，希望他给自己举荐。皇甫谧看了文稿后大加赞赏，欣然提笔给《三都赋》写了序言，又请有名的诗人给《三都赋》作了注解。

5. 在众多名人的推荐下，《三都赋》很快就风靡了洛阳城，人们对它称赞不已，竞相传阅。文人和富豪们都争着买纸来抄写阅读，不久就把洛阳城里的纸都买光了，纸价因此暴涨，纸张供不应求。

（韩雷声）

门庭若市

【解释】庭：院子。若：像。市：集市。指门前和院子里的人很多，像市场一样。比喻来的人多，非常热闹。

【出处】《战国策·齐策一》："令初下，群臣进谏，门庭若市。数月之后，时时而间(jiàn)进。期（jī）年之后，虽欲言，无可进者。燕、赵、韩、魏闻之，皆朝于齐。"

1. 战国时，齐国的相国邹忌身材颀长，相貌英俊，是个美男子。一天早晨，邹忌穿戴好衣服，问他的妻子："我与城北的徐公相比，哪一个更漂亮？"妻子说："您比徐公漂亮多了。"城北的徐公是齐国的美男子，邹忌不相信自己会比徐公美，又问他的妾："我与徐公相比，谁更漂亮？"妾说："徐公怎么能比得上您呀！"

2．第二天，有客人来拜访，邹忌问他：“我和城北的徐公相比，谁更漂亮？”客人说：“徐公不如您美。”过了几天，徐公来了，邹忌仔细地端详他，再照镜子看看自己，觉得自己的相貌远远比不上徐公。

3．到了晚上，邹忌翻来覆去地想这件事，恍然大悟：我妻子说我漂亮，是因为偏爱我；我的妾说我漂亮，是因为害怕我；客人说我漂亮，是因为对我有所求。

4．于是，邹忌上朝拜见齐威王，说："我知道自己确实不如徐公漂亮。可是妻子偏爱我，妾害怕我，客人对我有所求，他们都说我比徐公漂亮。如今齐国国富兵强，您身边的人都偏爱您，朝中大臣都害怕您，全国百姓都有求于您。由此看来，大王您受到的蒙蔽很深，听不到百姓真实的声音啊！"

5．齐威王想了想，说："你说得对。"就下了命令："所有的大臣、官吏、百姓，能当面指出我的过错的，可得到上等奖赏；上书劝谏的，可得到中等奖赏；在众人聚集的公共场所指责议论我的缺点，传到我耳朵里的，可得到下等奖赏。"

6. 命令刚下达，群臣都来进谏，宫门口、庭院里像集市一样人来人往。几个月以后，偶尔有人来进谏。一年以后，人们即使想进谏，也没什么意见可提了。

7. 燕、赵、韩、魏等国听说齐威王勇于纳谏，都到齐国来朝拜。齐国不必出兵，就战胜了敌国。

（吕祥森）

临淄成语典故

下

《临淄成语典故》编纂委员会 编

齊魯書社

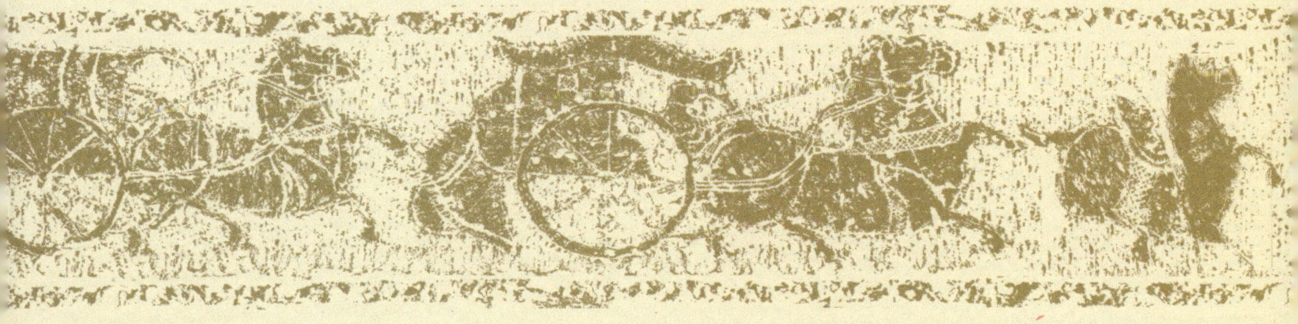

明察秋毫

【解释】明：指视力。察：仔细审视。秋毫：鸟兽在秋天新长出的绒毛，比喻极细微的东西。形容目光锐利，连最细小的东西都能看清楚。常用来形容人很精明，能洞察事理，不受欺瞒。

【出处】《孟子·梁惠王上》："有复于王者，曰：'吾力足以举百钧，而不足以举一羽；明足以察秋毫之末，而不见舆(yú，原指车中载人载物的部分，后泛指车)薪。'则王许之乎？曰：'否。''今恩足以及禽兽，而功不至于百姓者，独何与？然则一羽之不举，为不用力焉；舆薪之不见，为不用明焉；百姓之不见保，为不用恩焉。故王之不王，不为也，非不能也。'"

1. 一天，齐宣王和孟子一起谈论王道。孟子说："假设有人向您来禀告，说自己能够举起千斤重的东西，却拿不起一根羽毛；能够看清鸟兽在秋天里新长出的绒毛的末梢，却看不见一大车木柴。您同意他的说法吗？"齐宣王说："当然不会同意。"

2. 孟子又说：“您有仁爱之心，连禽兽都不忍杀掉，百姓却得不到恩惠，这是为什么呢？依我看来，一根羽毛拿不起来，是不愿用力；一大车木柴都看不见，是眼睛不注意；百姓得不到爱护，是因为您不广施恩泽。所以，不行王道，是您不肯做，不是不能做。”

3．齐宣王说："不能做和不肯做有什么区别呢？"孟子说："要求一个人夹着泰山跳过北海，他说不能做，是真不能做；要他替老人按摩肢体，他说不能做，这是不肯做，不是不能做。您实行王道，统一天下，不是像夹着泰山跳过北海一样不能做，而是就像替老人按摩肢体一样简单。只是您不肯去做。"

4. 孟子接着说："尊敬自己的长辈，推广开去尊重别人的长辈；爱护自家的孩子，推广开去爱护别人的孩子。您广施仁爱之心，那么，治理天下就可以像手上把玩小东西那样容易了。"齐宣王点头称是。

（邵杰）

木梗之患

【解释】比喻客死他乡，不得复归故里。

【出处一】《战国策·齐策三》："今者臣来，过于淄上，有土偶人与桃梗相与语……则子漂漂者将何如耳。"

【出处二】《说苑·正谏》："今秦，四塞之国也，有虎狼之心，恐其有木梗之患。"

1. 齐国贵族孟尝君想离开自己的国家，到秦国去施展才能，他的亲朋好友都劝他不要去，但他根本听不进去，执意要去秦国。

2. 苏秦也来劝他，孟尝君说："你来劝我也没有用。这么多年我什么事情没有经历过？人世间的事情，我都知道了。我没有听说过的，只有鬼怪之事了。"

3. 苏秦说："我这次来，确实不想谈人间的事情，而是专门和您讨论鬼神的事。"孟尝君觉得很新鲜，就耐心地听苏秦往下说。

4. 苏秦说："我这次来齐国，在经过淄水的时候，听见一个泥土捏成的土偶和一个桃木刻成的木梗在交谈。"孟尝君一听，来了精神，问："哦，它们在谈论什么？"

5. 苏秦说："木梗对土偶说：'你原本是淄河西岸的泥土，被捏成了人。现在天气晴朗，你才可以这么自由自在；要是到了八月，雨季来了，就要下大雨，淄河水涨上来将你淹没，你很快就会融化，身体就残缺不全了。'"

6．苏秦接着又说：“土偶说：‘你的话不对啊！我是西岸的泥土，即使让大水毁了也仍然是西岸的泥土。可你是东方的桃木刻成的，天要是下大雨，淄水横流，你随波而去，还不知道要被冲到什么地方呢！’”

7. 孟尝君听了沉默不语。苏秦进一步开导他："河水上涨，土偶尽管不能与自己原来一样，化为泥土仍与大地融为一体，而木梗则会流离失所。您远离故土去秦国，不但走上背叛祖国的道路，为齐国人所耻笑，还会身陷秦国这个虎狼之地，有生命危险。"孟尝君想了想，就打消了去秦国的念头。

（吕祥森）

南橘北枳

【解释】枳（zhǐ）：落叶灌木，味苦酸，球形，也叫枸橘（gōujú）。长在南方的叫橘，长在北方的叫枳。比喻同一物种因生长环境不同而发生变异。

【出处】《晏子春秋·内篇杂下》："橘生淮南则为橘，生于淮北则为枳，叶徒相似，其实味不同。所以然者何，水土异也。"

1. 有一次，晏婴出使楚国。

2. 楚王听说后，对身边的人说："晏婴要来我国访问，我想羞辱他，该用什么办法？"身边的人提议说："等他来的时候，我们捆绑一个人在您面前经过，您就问：'这人是哪里的？'我们就回答：'是齐国人。'您问：'犯了什么罪？'我们回答：'犯了偷盗罪。'"楚王说："行，就这么办！"

3. 晏婴到了楚国，楚王设宴招待晏婴。酒喝得正畅快的时候，两个官吏捆着一个人来到楚王跟前。楚王问："捆着的是哪里人？犯了什么罪？"官吏回答说："是齐国人，犯了偷盗罪。"楚王看着晏婴说："你们齐国人善于偷盗吗？"

4．晏婴知道，这是楚王羞辱自己的一个花招，便不慌不忙地站起来。

5. 晏婴整了整衣襟，很严肃地回答："我听说橘树如果生长在淮河以南，结出的就是又甜又可口的橘子，要是生长在淮河以北，结出的就是又酸又涩、难以下咽的枳。这是为什么呢？"

6. 楚国君臣面面相觑（qù），难以对答。

7. 晏婴接着说：“很简单，这是因为水土不同啊！我们齐国人在自己的国家里安分守己，生活得好好的，从来不偷盗，可是一到楚国就成了小偷。我看，这一定是楚国的环境迫使他变坏的吧！”

8．楚王偷鸡不成，反而蚀把米。他尴尬地笑着说："哎呀，我原本是跟你开个玩笑的！你是个圣人，我忘了，与圣人是不能随便开玩笑的。我们这样做，反倒叫你见笑了。"

（曹建）

平易近人

【解释】平易：原指道路平坦，比喻态度平和。态度和蔼可亲，使人容易接近。也指文字浅显，通俗易懂。

【出处】《史记·鲁周公世家》："及后闻伯禽报政迟，乃叹曰：'呜呼，鲁后世其北面事齐矣！夫政不简不易，民不有近；平易近民，民必归之。'"

1. 姜太公辅佐周武王推翻了商朝，建立了周王朝。因为他的功劳很大，所以被周武王分封到营丘，建立了齐国。姜太公成为周朝齐国的第一代国君。

2. 伯禽是周武王的侄子、周公旦的儿子，被分封到了鲁国。因此，伯禽实际上就是周朝鲁国的第一代国君。

3．姜太公受封到齐国以后，不到半年就把齐国治理得井井有条。到任仅仅五个月，姜太公就赶到周朝都城，向周公汇报自己的施政情况。

4．周公对齐国治理迅速感到很惊奇，便问姜太公："你怎么会治理得这么快啊？"姜太公回答说："我根据齐地的实际情况，施行'因其俗、简其礼'的政策，简化君臣之间的礼节，顺应当地的风俗，所以这么快。"周公点头称是。

5．伯禽到了鲁国后，也实行了一些措施，进行了一系列改革，过了三年，他才向周公汇报鲁国的施政情况。周公很不满意地问：“为什么你这么晚才来汇报呢？”

6. 伯禽回答说：“鲁国的风俗与周礼大相径庭，我到任以后，采取措施，彻底改变了那里的风俗，将那里的礼法废除，然后全部按照周朝的礼法执行，这种大的变革，三年后才能看到效果，所以这么晚才来向您汇报。”

7. 周公听了，不由叹息说："国家的政策如果不简约易行，贯彻执行起来就很难，人民就不会亲近；国家的政令要是简单易行并切近群众，人民必然归附。唉！我看这样下去，鲁国的后代将要当齐国的臣民了。"

8. 果然，齐国经过一代代君臣的努力，到齐桓公时代，成为春秋时期最为强盛的诸侯国，鲁国也臣服了齐国。

（曹建）

齐大非偶

【解释】偶：配偶。齐国强大，齐国国君的女儿不是我合适的配偶。比喻婚姻不是门当户对，不敢高攀。

【出处】《左传·桓公六年》：“公之未昏（同‘婚’）于齐也，齐侯欲以文姜妻郑大（同‘太’）子忽。大子忽辞。人问其故，大子曰：‘人各有耦（同“偶”），齐大，非吾耦也。’”

1. 齐僖公时期，齐国北部边境经常遭到北戎（即山戎，活动范围在今河北省北部）进犯。

2. 南方强大的楚国也对齐国虎视眈眈，有吞并齐国之心。

3. 齐僖公为避免腹背受敌，派兵把守北部边境，以防北戎侵扰。

4. 另一方面，齐僖公又与各国加强了外交，先是与卫国联姻，后又与鲁国结盟。

5. 郑国日益强大以后，齐僖公又想把小女儿文姜许给郑国太子忽做妻子，与郑国成为儿女亲家。

6. 可是太子忽不愿意。人们都说忽傻，劝他说："齐国是大国，跟大国国君的女儿成了亲，有了靠山，有用不完的好处。您最好答应这门亲事。"

7. 太子忽却说："《诗经》上说：'每个人都应该去追求适合自己的幸福。'我只想找一个适合我的女子平平安安地过日子。齐国太强大了，齐国公主不适合我，我根本不想高攀。"

8．公元前706年，北戎又一次侵犯齐国。

9. 齐僖公请求郑国出兵援救，太子忽率军去援助齐国。

10. 忽作战十分勇敢，他的部队战斗力很强，一下子歼灭了三百多名甲首（甲士的首领），把北戎打得大败，还俘获了大良、少良两位将领，交给了齐国。

11. 太子忽帮齐国出力打了胜仗，齐僖公更加喜欢他了，便又派人到郑国提亲。

12．太子忽仍然不愿意，坚决予以拒绝。

13. 太子忽说："在齐国没有遭到侵略的时候，我尚且不答应；现在我奉君主之命援助齐国，解了它的燃眉之急，如果我同意了这门亲事，人们岂不认为我率兵出征是为了娶妻吗？"他最终辞谢了这门亲事。

（曹建）

齐人攫金

【解释】攫（jué）：夺取。形容因贪利而失去了理智，利欲熏心，不顾一切。

【出处】《列子·说符》：“昔齐人有欲金者，清旦衣冠而之市，适鬻金者之所，因攫其金而去。”

1. 从前齐国有一个人，整天游手好闲，不务正业，却大大梦想着得到许多金银财宝，过上吃穿不愁、奴仆成群的舒服日子。他想啊想啊，终于想出了一个“好办法”。

2．一天，天刚蒙蒙亮，他就起床了，拿出自己最好的衣服，将自己打扮得整整齐齐，兴冲冲地来到集市上。他四处游荡，眼睛却一刻不停地寻找着自己需要的金子。

3. 忽然，他发现有一家金店，就一步跨进门去，也不和店主搭话，抢起一大堆金子就揣进自己的衣服里，撒开两腿，一溜烟地跑了出去。店主惊得目瞪口呆。

4. 等店主回过神来，见有人抢走了自己的金子，就一边大叫捉贼，一边拼命追赶。听到店主的喊声，几个巡吏马上赶了过来，问明情况以后，奋力追赶抢金子的人，一会儿就把那个齐人抓住了。

5. 巡吏审问他："这里是集市，到处是人。光天化日之下，你怎么竟敢去抢别人的金子？你胆子也太大了！你为何要这么做？从实招来！"

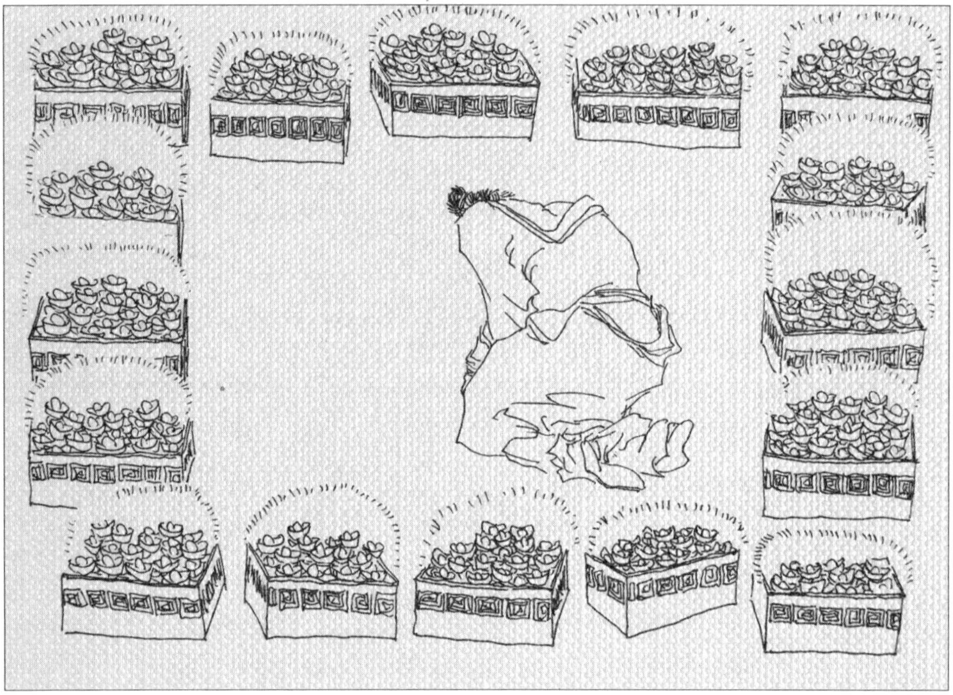

6. 那个齐人这时似乎才醒悟过来，抬眼看了看众人，振振有词地回答说：“我没有抢金子，只是将金子拿走了。我拿金子的时候，根本没有看见有什么人，只看见满眼的金子。”

（吴凤霞）

轻重缓急

【解释】缓：慢。泛指主次、轻重、先后的区别。

【出处】《管子·国蓄》："然者何也？国多失利，则臣不尽其忠，士不尽其死矣。岁有凶穰（ráng，庄稼丰收），故谷有贵贱；令有缓急，故物有轻重。"

1. 管子是齐桓公时期的相国。任职期间，他在政治、经济、军事等方面实行了一系列改革，辅佐齐桓公成就了辉煌的霸业。

2. 管仲的《管子·国蓄》篇是对国家经济的重要论述之一。其中说：一个国家，年景有歉有丰，所以粮价就有贵有贱；号令有缓有急，所以物价就有低有高。如果不能及时采取措施，就会出现贫富不均的现象，进而引发一系列社会问题。

3.《国蓄》中还说：一个君主，如果不能及时散开囤积，调剂余缺，分散兼并的财力，科学地调控人民的用费，即使农业再发展，铸造的钱币再多，也不能免去贫富不均的现象。要是社会资源分配和使用出了问题，人民之间就会相互奴役，国家就不会治理好。

（吕祥森）

庆父不死，鲁难未已

【解释】已：止。庆父不死，鲁国的灾难就不会停止。比喻不除掉制造内乱的罪魁祸首，就得不到安宁。

【出处】《左传·闵公元年》："冬，齐仲孙湫来省（xǐng）难。书曰'仲孙'，亦嘉之也。仲孙归曰：'不去庆父，鲁难未已。'"

讳莫如深

【解释】讳：隐讳。深：事件重大。原意为事件重大，讳而不言。后指把事情隐瞒得很紧。

【出处】《谷梁传·庄公三十二年》："讳莫如深，深则隐。苟有所见，莫如深也。"

1. 鲁庄公姬同有三个弟弟：庆父、叔牙和季友。庆父最为专横，他拉拢叔牙为党，一直蓄谋争夺君位，并与其嫂——鲁庄公姬同的夫人哀姜私通。

2. 鲁庄公死后，公子斑（或作公子般）即位不到两个月，就被庆父杀死了。因哀姜没有子嗣，他又与哀姜密谋，立哀姜妹妹的儿子姬开（或作姬启）为继承人。

3．从此以后，庆父更加肆无忌惮，与哀姜打得火热，野心也越来越大。鲁闵公二年（前660年），这对坏男女又指使一个叫卜龄(yǐ）的人杀了闵公，庆父想自立为君。

4．两年之内两个国君被杀，鲁国的局势陷入了严重的混乱之中，百姓们对庆父恨之入骨。

5. 庆父在鲁国实在无法再呆下去了，便逃往莒国。鲁僖公知道庆父继续存在对鲁国是个严重的威胁，便请求莒国把庆父送回鲁国，想找个机会将他除掉。

6. 因为哀姜是齐国人，齐桓公对她的行为大为不满，同时对庆父的恶行很气愤，便派大夫仲孙湫到鲁国去了解情况。仲孙湫回国后，把了解到的情况向齐桓公作了报告，并说："如果不除去庆父，鲁国的灾难是不会终止的！"

7. 后来，庆父又逃到了齐国。齐国的疆吏知道庆父的恶行，不敢擅自留下他，就将他派到汶水。季友将庆父引渡回国，并将他杀死。齐桓公将哀姜召回，也杀死了她。

8. 庆父是逃亡到了齐国，但是解释《春秋》的《谷梁传》只是轻描淡写地说庆父到了齐国，这是为什么？因为庆父连杀两君，淫乱无道，是鲁国的隐痛，如果照实直书，会引发臣民的伤心，所以才讳莫如深，不写“逃”或“亡”，而只说“如”，就是“到了”的意思。

（邵杰）

人微权轻

【解释】比喻人的资历、身份卑微，无权无势，不足以使众人信服。

【出处】《史记·司马穰苴列传》："臣素卑贱，君擢(zhuó)之闾伍之中，加之大夫之上，士卒未附，百姓不信，人微权轻，愿得君之宠臣，国之所尊，以监军，乃可。"

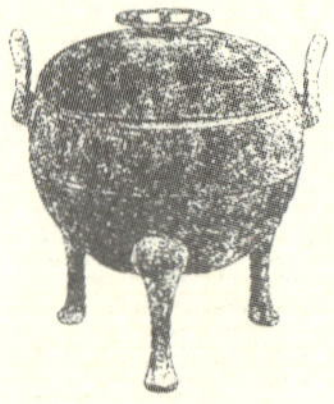

1. 田穰苴是齐国的大司马，所以又称司马穰苴，是春秋时期著名的军事家，他精通兵法，以纪律严明著称于世。

2. 田穰苴虽然是齐国权臣田完的后代，也很有才能，但因为他的母亲是地位低下的婢妾（在古代，人们是很重视父母的血统的），所以田穰苴一直遭受轻视，不被重用。

3. 齐景公时期，晋国和燕国联合进攻齐国，齐军被打败。在这危急时刻，晏婴向齐景公推荐了文武双全的田穰苴。于是齐景公任命田穰苴为将领，率军打击侵略者。

4. 临行之前，田穰苴向齐景公请求说：“我是个出身微贱的人，您突然把军权交给我，恐怕别人不服，请您派一位有威望、有地位、您信任的大臣作为监军同我一起出征，我的军令就好执行了。”

5. 齐景公就派自己的宠臣庄贾和田穰苴一起出征。但是庄贾自恃为国君的宠臣，根本没有把田穰苴放在眼里。在家饮酒耽误了点名，迟到后又口出狂言，满不在乎。田穰苴于是下令杀掉庄贾，整肃了军纪。全军将士被田穰苴的严明和果敢所折服，再也没有人敢违抗军纪。后来，田穰苴率军打退了侵略者，很快收复了失地。

（邵杰）

孺子牛

【解释】孺（rú）子：儿童。儿童游戏时牵着走的由大人扮成的牛。现在一般比喻甘愿为人民大众服务的人。

【出处】《左传·哀公六年》："鲍子曰：'女（通"汝"）忘君之为孺子牛而折其齿乎？而背之也！'悼公稽(qǐ)首(古时跪拜的一种礼节)，曰：'吾子奉义而行者也。若我可，不必亡一大夫；若我不可，不必亡一公子。义则进，否则退，敢不唯子是从？废兴无以乱，则所愿也。'"

1. 荼（tú）是齐景公的小儿子，也称晏孺子，齐景公对他十分宠爱。一次，齐景公和荼在一起玩耍，齐景公口中衔着一根线绳趴在地上当牛，荼骑在上面，手中牵着绳子，口中喊着：“驾！驾！”可是父子俩一不小心摔倒了，晏孺子从景公背上摔了下来，齐景公也被线绳拽断了牙齿。

2. 齐景公临死前将晏孺子立为太子。齐景公废长立幼，引起了长子阳生的不满。公元前489年，阳生和大臣田乞密谋，准备杀掉晏孺子，自己当国君。

3. 在事变之前进行盟誓的时候，大臣鲍牧带着酒意对阳生说：“当年你父亲是何等喜欢晏孺子啊！曾经口衔绳子学做牛让他牵着走，晏孺子跌倒时将你父亲的牙齿拉折，这件事你不应该忘记吧！你父亲既然已传位于晏孺子，你要是杀了他，就背叛了你的父亲！”

4. 听了这些话，阳生脸上红一阵白一阵，又尴尬又惭愧，他对众人鞠躬说：“关于立我为国君的事情，请诸位看着办。看我适合当国君就选择我，要是觉得我不适合当国君就算了，不必互相残杀了。”

5. 此时，鲍牧的酒已经醒了大半，心想：看来阳生当国君的主意是不可改变了，我要是再多嘴多舌，肯定会招来杀身之祸。想到这里，他立即转变了态度，说：“哎呀！你们都是齐景公的儿子，你当国君也一样！”于是，众人就拥立阳生为国君，这就是后来的齐悼公。

6. 阳生当上了国君以后，恐怕晏孺子东山再起，就派人把他流放到了骀（tái，齐邑），过了一阵子，又找了个借口把他杀死了。

（吴凤霞）

三月不知肉味

【解释】三个月之内吃肉不觉得有味道。比喻集中注意力于某一事物而忘记了其他事情。也用来形容几个月不吃肉。

【出处】《论语·述而》："子在齐闻《韶》，三月不知肉味，曰：'不图为乐之至于斯也。'"朱熹集注："盖心一于是，而不及乎他也。"

尽善尽美

【解释】尽：达到极点。形容事物完美到没有一点缺点。

【出处】《论语·八佾（yì，古代乐舞的行列）》："子谓《韶》：'尽美矣，又尽善也。'谓《武》：'尽美矣，未尽善也。'"

1. 孔子是鲁国人，也是我国伟大的思想家、政治家和教育家，儒家学派的创始人。公元前517年，鲁国发生了内乱，国君被大贵族赶了出来。孔子认为鲁国是乱邦，不能发挥自己的才能，就不想再呆在国内了。

2. 当时的齐国政治清明，人民生活比较安定，君臣之间比较和睦，国家也很富强。于是，孔子就带着自己的弟子离开了鲁国，来到了齐国。

3. 到齐国后，孔子投奔到了大臣高昭子的家中，并且做了他的家臣。高昭子很钦佩孔子的学问，对他十分敬重。

4. 孔子曾跟鲁国的乐官师襄子学过琴，办学时也亲自教授过礼乐课程，因此他精通音律，有很高的音乐鉴赏能力和水平。有一天，孔子欣赏到了齐《韶》。

5. 齐《韶》是齐国的大型宫廷乐舞，乐曲宏大壮丽，舞蹈温和优美，蕴含着丰富的德政、民本、和谐思想，是我国先秦时期乐舞的巅峰之作。

6. 孔子观看齐《韶》表演时，全部心神都沉浸到美妙的艺术境界中，以至于很长时间尝不出肉的滋味。他情不自禁地赞叹道："想不到齐《韶》的美达到了这样迷人的地步！不仅艺术形式完美，内容也很好，实在是找不出一点瑕疵啊！"

（吕祥森）

商羊鼓舞

【解释】商羊：传说中的神鸟名。商羊飞舞的时候，一定会下大雨。比喻重大变故发生之前的预兆。

【出处】《孔子家语·辩政》："孔子曰：'此鸟名曰商羊，水祥也。昔童儿有屈其一脚，振讯两眉而跳，且谣曰：天将大雨，商羊鼓舞。今齐有之，其应至矣。急告民趋治沟渠，修堤防，将有大水为灾。'顷之大霖雨，水溢泛诸国，伤害民人，唯齐有备，不败。"

1. 齐景公时期，孔子来到齐国。有一天，齐国君臣正在朝堂上议事，突然飞来了一只独脚鸟，这只鸟在大殿门前展开翅膀，在地上不停地跳跃。

2．齐景公感到奇怪，便向身边的大臣询问这只鸟的名称和来历，所有的人都不认得它，无言以对。后来，齐景公听说孔子是个大学问家，正住在齐国，就派人去询问孔子。

3. 孔子说：“这种鸟叫做商羊。过去的童谣中就曾说过：‘商羊鸟飞舞，天要下大雨。’目前，这种鸟出现在齐国，就预示会有大的阴雨出现，应当马上告诉百姓修堤造渠，以防水灾。”

4. 过了几天，果然狂风四起，下起了瓢泼大雨，一连下了好几天。雨水泛滥，冲垮了河堤，淹没了庄稼，到处墙倒房毁，百姓流离失所。

5．大雨给周围很多国家带来了灾难，唯独齐国提前知道了消息，迅速疏通了河道，垒好了堤坝，加固了房屋，充分做好了防雨的准备，从而安全避过了灾祸。

（韩雷声）

舍本逐末

【解释】舍：舍弃。本：根本。逐：追求。末：末节。抛弃根本的、主要的，而去追求枝节的、次要的。形容做事情不从根本上着手，只在细枝末节上下功夫。

【出处】《战国策·齐策四》："威后曰：'不然。苟无岁，何以有民？苟无民，何以有君？故有舍本而问末者耶？'"

1. 周朝时期，各诸侯国之间经常互派使者，相互访问。齐国齐襄王派遣使者到赵国去拜见赵威后。赵威后是赵国赵惠文王的妻子、赵成王的母亲，此时她在赵国临朝听政。

2. 宾主双方见过面以后，赵威后问齐国使者："你们齐国的收成好吗？老百姓都能安居乐业吗？你们的国君也安然无恙吧！"

3. 齐国使者听了很不高兴，说：“尊敬的太后，我奉我们国君的命令来向您问好，您不先问候我们的国君，却先打听齐国的收成和百姓的状况，哪里有先问候卑贱者再问候尊贵者的道理呢？”

4. 赵威后回答说："话不能这样说。要是收成不好，百姓们靠什么生活？要是没有百姓们的拥护，你们的国君怎么能够坐稳江山？难道要我舍弃了根本，先去关心那些细枝末节的事情吗？"齐国的使者听了非常惭愧。

（韩雷声）

十年树木，百年树人

【解释】树：种植、培育。指人才培养才是百年大计。也指培养人才很不容易。

【出处】《管子·权修》："一年之计，莫如树谷；十年之计，莫如树木；终身之计，莫如树人。一树一获者，谷也；一树十获者，木也；一树百获者，人也。"

1. 管仲是齐国的相国，辅佐桓公建立了霸业，并且在经济、政治方面做了很多革新。后人将他和稷下学者的治国之策汇集起来，编辑成了一部书，称为《管子》。

2．在这部书里，对人才的培养是这样论述的：希望在一年内有所收获，那就种谷子；如果想十年以后取得较大的收获，那就种植树木；如果做更长远的打算，希望终身受益，那么最好的是培养人才。重视培养人才，效果是很神奇的，而要取得这种神奇的效果，只有政府才能做到。

3. 另外，书中还指出：要提高人民的素质，必须注重教育和训导，要让百姓懂得礼义廉耻，遵守起码的道德。这种培养必须从小的方面着手，从身边的小事情做起，一点一滴地积累，这才是治理国家的根本所在。

4．齐国从太公开始就尊贤尚功，高度重视人才的选拔和任用。因此，各种各样的人才脱颖而出，为后来齐国在诸侯国中迅速崛起奠定了良好的基础。

5. 后来，齐桓公任人唯贤、不拘一格选拔人才的用人思想深入人心，不但国君注意人才的发现和培养，全国也兴起了尊重人才的良好风气。到了齐宣王时期，各国的人才纷纷来到齐国的稷下学宫，齐国成为百家争鸣的重要阵地。

（韩雷声）

视死如归

【解释】视：看待。归：回家。意思是把死看得像回家一样轻松。多指为了正义事业，不怕牺牲性命。

【出处一】《管子·小匡》：“……平原广牧，车不结辙，士不旋踵，鼓之而三军之士视死如归，臣不如王子城父，请立为大司马。”

【出处二】《吕氏春秋·士节》：“士之为人，当理不避其难，临患忘利，遗生行义，视死如归。”

第一个典故：

1. 管仲做了齐桓公的相国三个月后，齐桓公对他说："你当相国已经有一阵子了，想必对朝中的情况已经有了一些了解。今天，咱们来讨论一下官员任命的情况吧！"管仲说："好。"

2．管仲向齐桓公推举了隰朋等五个人才。谈到隰朋时，管仲说：“与人打交道，熟悉各种进退的礼节，语言刚柔有分寸，在这方面我比不上隰朋，请你任命他当‘大行’，负责国家的外交事务吧！”

3. 谈到宁戚时，管仲说："开垦土地，兴修水利，扩大城镇建设，发展农业生产，为国家解决粮食问题，增加人口，这一点我比不上宁戚，请你安排他当'大司田'，专管农业生产。"

4. 谈到王子城父时，管仲说：“在广袤无垠的平原上，能让战车整齐不乱，能让战士勇往直前，战鼓敲响后，能让士兵将死看得像回家一样平常，这一点我比不上王子城父，请你安排他当‘大司马’，专管军队。”

5. 谈到宾胥无时，管仲说："审判案件英明果断，调节纷争处理得当，不杀不该杀的人，也不冤枉无罪的人，在这方面我不如宾胥无，请派他做'大司里'，主管国家的司法。"

6. 谈到东郭牙时，管仲说："敢于坚持真理，不畏权贵，向国君提意见出于忠心，不害怕死亡，在这方面我比不上东郭牙，请你封他做'大谏'，负责向国君提出建议和意见。"

7. 管仲最后说："这五个人的才能，我一个也比不上，但是，用他们的才能来同我的能力交换，我可不换。因为，你要是只想将国家治理好，有他们五个人就够了；你要是想成为诸侯国的霸主，必须有我在才行。"齐桓公说："对啊！"

第二个典故：

1.《吕氏春秋·士节》一篇中，在谈到“士”的时候说：“士”面临危难之时应该大义凛然、视死如归，并举了这样一个例子：齐国有个叫北郭骚的，平时靠制作捕兽网、编草鞋来维持生计。

2. 北郭骚有个老母亲。他是个孝子，很想使自己的母亲生活得好一点，可是，尽管他起早贪黑，努力劳作，挣来的钱还是不够养活家人。于是，他就到相国晏婴的家里去借粮食。

3. 到了晏府，他对晏婴的仆人说："我要求见相国，让他借给我点粮食，我好奉养我的老母亲。"晏婴听说北郭骚是个孝子，就派人把一些粮食和金钱拿去送给他。北郭骚谢绝了金钱，只留下粮食。

4．不久，晏婴被国君猜忌，无法在齐国生活下去了，准备逃往国外，在经过北郭骚门前的时候，去向他告别。北郭骚恭敬地迎出来，问道："您要到哪儿去？"晏婴说："我受到国君的猜忌，要到别的国家去。"两人告别后，晏婴长叹一声，上车走了。

5. 北郭骚叫来他的朋友，说："我佩服晏婴的品德，曾向他借过粮食奉养老母，现在晏婴受到猜忌，我将一死为他洗清冤屈。"他穿戴整齐，让朋友拿着宝剑、捧着竹匣跟在后面。来到朝堂前，北郭骚对负责通禀的官吏说："晏婴是个好官，齐国不能没有他，他要是走了，齐国必定遭受侵犯。我愿意献出我的人头来洗清晏婴的冤屈。"

6．北郭骚又对他的朋友说："等我死后，你把我的头盛在竹匣中，捧去送给那个官吏，让他转送给国君。"说完，自刎而死。他的朋友将装着北郭骚人头的竹匣托付给了那个官吏，然后对旁边的人说："北郭骚为国家而死，我将为北郭骚而死。"说完，他也拔剑自杀了。

7. 齐国国君听说了这件事，大为震惊，知道自己错怪了晏婴，又怕晏婴走了，百姓不服，别的诸侯国趁机来侵犯，感到又惭愧又害怕。

8. 国君马上吩咐人备车，亲自乘车去追赶晏婴，他的马车一路狂奔，终于在离国都一百里左右的地方追上了晏婴。国君下车请求晏婴回去，晏婴又随国君回到了都城临淄。听说北郭骚用死来替自己洗清冤屈，晏婴非常感动。

（邵杰）

水深火热

【解释】就像落进深渊和火坑中。比喻处境异常艰难困苦。

【出处】《孟子·梁惠王下》：“孟子对曰：‘取之而燕民悦，则取之。古之人有行之者，武王是也。取之而燕民不悦，则勿取。古之人有行之者，文王是也。以万乘之国伐万乘之国，箪食壶浆，以迎王师。岂有他哉？避水火也。如水益深，如火益热，亦运而已矣。’”

1. 战国时，齐国与燕国交战，齐国打败了燕国，并占领了燕国大量土地。周围的另一些诸侯国想要联合起来援助燕国，齐宣王有些慌乱，不知道怎么办。此时，孟子正好在齐国，齐宣王就向孟子请教。

2. 孟子说:“商朝的国君商汤最初仅有方圆七十里的国土，但是后来统一了天下，你们齐国是拥有方圆千里国土的强国，却还害怕别的国家，这种事情我还是头一次听说。商汤打天下时，一点也不侵扰百姓，做生意的照常做生意，种地的照常种地，老百姓因而都很支持他。”

3. 孟子接着说：“如今，燕国的国君残害老百姓，您去讨伐他，燕国百姓没有反对，是盼望您将他们从水深火热中搭救出来，可是您杀死他们的亲人，毁坏他们祖宗的庙宇，抢走他们的财物，他们怎么能够容忍呢！怎么能不激起其他诸侯国的不满呢！”

4．齐宣王问："那该怎么办呢？"孟子提议说："希望您赶快下令，将抓获的俘虏放回去，不要再掠夺燕国的财物，再和燕国的各界人士坐下来商议一下，为他们选一位好的国君，然后撤出您的军队。这样，燕国的老百姓就不会再恨您，其他诸侯国也不会联合起来攻打齐国了。"

5. 齐宣王不愿放弃到手的利益，不但没有听从孟子的话，还下达了吞并燕国的命令，结果激起了燕国百姓更大的不满，纷纷起来反抗；周围的诸侯国也对齐国失去了信任，纷纷加入了反击齐国的行列，终于迫使齐宣王从燕国撤回了军队。

（邵家朋）

贪小失大

【解释】因为贪图小利而造成更大的损失。比喻只贪求眼前的好处而不顾长远利益。

【出处】《吕氏春秋·权勋》："达子又帅其余卒，以军于秦周，无以赏，使人请金于齐王。齐王怒曰：'若残竖子之类，恶能给若金？'与燕人战，大败，达子死，齐王走莒。燕人逐北入国，相与争金于美唐甚多。此贪于小利以失大利者也。"

1. 公元前 284 年，燕国大将乐毅率领各诸侯国组成的联军攻打齐国，齐湣王任命触子为将领在济水边迎战。齐湣王急着要开战，就派人到触子那里去，斥责他说："为什么还不开战？赶快开战！否则，我就杀了你一家，刨掉你的祖坟！"

2.遭到国君的侮辱和责骂，触子既愤怒又苦恼，他再也不想为齐湣王卖命了，决定让齐国军队失败。两军一开战，触子就下令收兵，结果，齐军就像潮水一样败退下来，被诸侯联军打得丢盔卸甲。触子不顾部下的死活，自己坐上一辆兵车，逃得无影无踪。

3.齐军的另一位将领达子率领残余部队驻扎在秦周地区，为了鼓励士兵勇猛作战，他请求齐湣王给他一笔金钱作为赏金。齐湣王气急败坏地说："你们这些残存下来的家伙，打了败仗，还来要赏金？没门！"

4.得不到鼓励和赏赐，齐军军心涣散，结果又被敌军打得大败。在交战中，达子阵亡，齐湣王逃到了莒（今日照市莒县一带）。燕国军队攻进了齐国的国都临淄，在美唐库（当时齐国国库）大肆抢掠，所有的金钱和珍宝被洗劫一空。齐湣王终因贪图小利而失去了更大的利益。

（邵杰）

弹冠相庆

【解释】冠：帽子。弹去帽子上的尘土，表示庆贺。原指志同道合的朋友做了官，自己也为必将得到引荐而庆幸，后指因即将做官而互相祝贺。也形容坏人得意，准备登台的样子。

【出处】宋·苏洵《管仲论》："彼固乱人国者，顾其用之者，桓公也。夫有舜而后知放四凶，有仲尼而后知去少正卯。彼桓公何人也？顾其使桓公得用三子者，管仲也。……一日无仲，则三子者可以弹冠而相庆矣。"

1. 竖刁、易牙和开方是齐桓公的三个大臣，他们三个都是奸佞小人，对齐桓公溜须拍马，极尽阿谀（yú）奉承之能事，整天将齐桓公哄得很开心。齐桓公对他们十分宠爱，一刻也离不开他们。但是，由于相国管仲有勇有谋，能够管住他们，他们才不敢作乱。

2. 竖刁原来是齐桓公的“幸童”，即“男宠”，为了能够接近齐桓公，他割掉了自己的生殖器，专门伺候齐桓公。后来，他靠自己的手段当上了后宫的总管。

3. 易牙是齐桓公的厨师，他厨艺高超，做的饭很好吃，也很合齐桓公的口味。有一次，为了讨好齐桓公，他亲手把自己年仅三岁的儿子杀掉，并亲自蒸熟了献给齐桓公吃。

4．开方本来是卫国国君的儿子，是个野心勃勃的人。他见自己的国家贫弱而齐国很强大，就跑到了齐国，一心想谋求更大的发展。

5. 管仲得了重病，临死的时候告诫齐桓公：竖刁、易牙和开方都是祸国殃民的小人，自己死后，恐怕没有人能够镇住他们，必须将他们驱逐出宫廷，以免招来祸患。齐桓公答应了管仲的要求，把三个小人撵出了宫廷。

6. 平日里，齐桓公听惯了竖刁他们的奉承话，吃惯了他们献上的美食，现在没有了他们，齐桓公吃不下饭，睡不着觉，感到极不舒服。于是，齐桓公就找了个借口，又把他们三人重新召了回来。

7. 后来，齐桓公病了，竖刁、易牙和开方可来了精神。他们与齐桓公的医生相互勾结，假传旨意，说齐桓公的病不宜见人，不准他的儿子们进宫探望。接着又把王宫用高墙围起来，将齐桓公活活饿死在里面。

8. 由于竖刁等人封锁消息，齐桓公死后很长一段时间尸体都无人掩埋，上面爬满了蛆虫。曾经称霸诸侯的齐桓公因宠信小人而落得如此悲惨的下场，引发了历代文人墨客的惋惜和感叹。其中，宋代苏洵在《管仲论》中叹道：“一旦没有了管仲的管束，竖刁、易牙和开方就可以弹冠相庆了！”

（邵杰）

螳臂当车

【解释】当：阻挡。意思是螳螂举起前肢企图阻挡车子前进。比喻不自量力，做没有能力做到的事情，必然失败。

【出处一】《庄子·人间世》："汝不知夫螳螂乎？怒其臂以当车辙，不知其不胜任也，是其才之美者也。"

【出处二】《韩诗外传》："齐庄公出猎，有一虫举足将搏其轮。……而勇士归之。"

1. 齐庄公是春秋时期齐国的国君。有一次，他带着随从外出打猎，他的车子走在前面，随从的车跟在后面。

2. 走着走着，突然，一只大昆虫趴在车前，想要挡住前进的车轮。这只昆虫长着两只粗壮的前爪， 并且不断地挥舞着，像两把大刀，样子非常凶猛。

3. 齐庄公下车一看，笑了："呵！看样子这只虫子今天要跟我的车轮子拼个你死我活啊！它叫什么名字？"

4. 车夫回答说："它叫螳螂。这种虫子最傻了，只知道前进却不懂得后退，也不掂量一下自己的力量就随便跟敌人搏斗，这不是找死么！"

5. 齐庄公说："哦，这只虫子要是人的话，一定是位勇士。我们不要伤害它。"于是，齐庄公上了车，恭恭敬敬地从螳螂身边绕了过去。这件事传出去以后，人们都认为齐庄公尊重勇士，天下的勇士都纷纷来投奔齐庄公。

（吴凤霞）

田忌赛马

【出处】《史记·孙子吴起列传》："忌数与齐诸公子驰逐重射。孙子见其马足不甚相远，马有上、中、下辈。于是孙子谓田忌曰：'君弟重射，臣能令君胜。'田忌信然之，与王及诸公子逐射千金。及临质，孙子曰：'今以君之下驷与彼上驷，取君上驷与彼中驷，取君中驷与彼下驷。'既驰三辈毕，而田忌一不胜而再胜，卒得王千金。"

1. 战国时期，孙膑遭到庞涓陷害，被囚禁在魏国。他使用计策巧妙脱险，回到了齐国。刚到齐国时，孙膑住在大夫田忌的家里。田忌是齐王的宗族，经常跟齐国的贵族公子们赛马，并带着孙膑一同去观看。

2. 有一次，田忌又带孙膑一起去参加赛马。所有参赛的马都分为上、中、下三等，并且两胜一负决定最后输赢。田忌的马在整体上不如别人，每次比赛他都输，下的赌注都被别人装进了腰包，他很沮丧。

3. 孙膑在一旁看出了门道，对田忌说：“你的马和别人的马在实力上相差不远，今天你要是听我的安排，一定会取得胜利。你就放心大胆地下赌注吧，越多越好！”听了他的话，田忌就下了一千两黄金的赌注。

4. 比赛又开始了，孙膑对田忌说："你先用自己的下等马对付别人的上等马，然后用你的上等马对付别人的中等马，最后用你的中等马对付别人的下等马。"田忌按照孙膑的办法参加比赛。果然，第一次他输了，但是第二次和第三次他都赢了，所有的赌资都归了他。

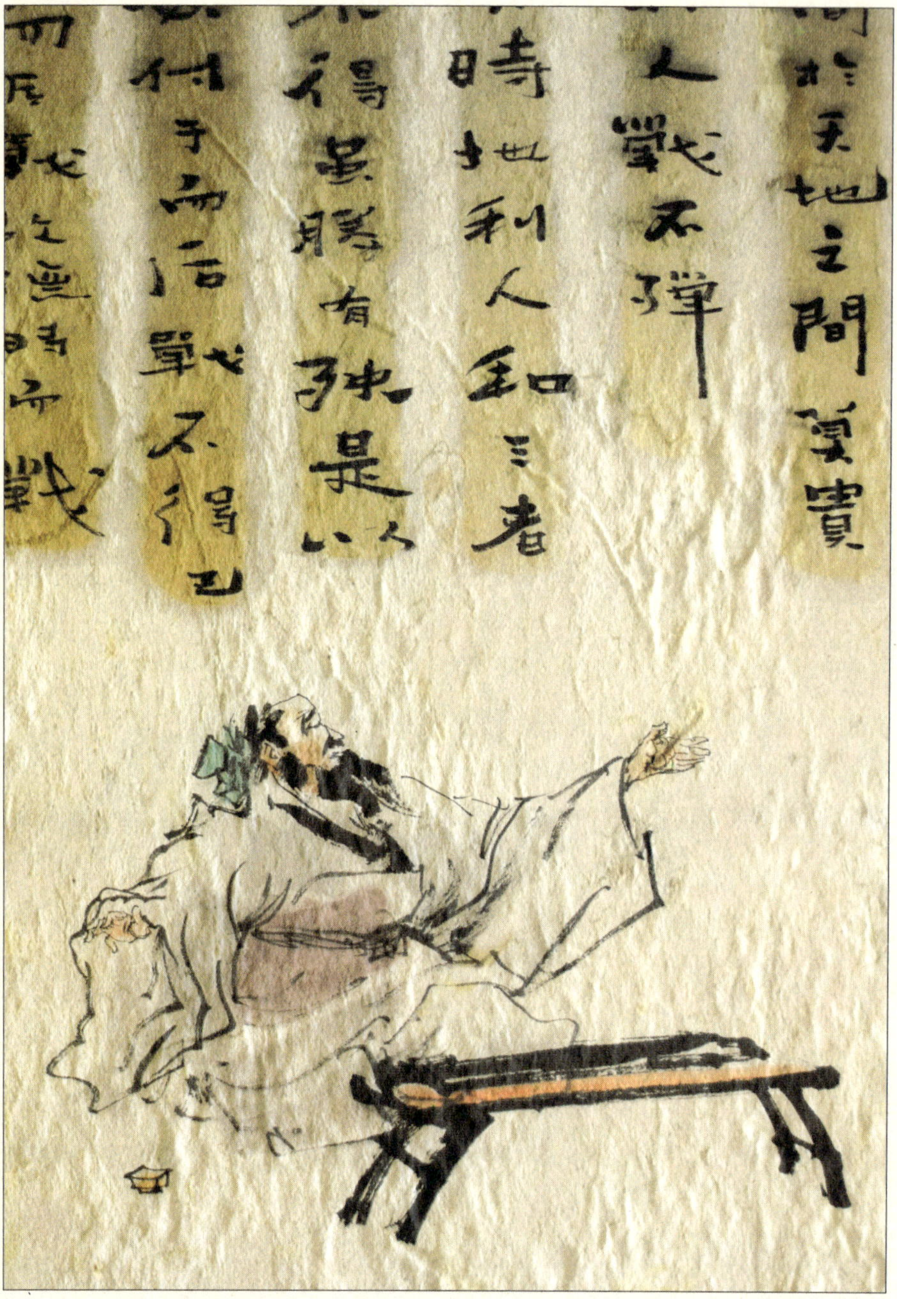

5. 这件事很快就在齐国传开了，人们都知道了孙膑的谋略。原先，田忌也只是听说孙膑很有才能，今天才算真正地了解了他的智慧。于是，他就将孙膑推荐给了当时的齐威王。

6．齐威王亲自召见了孙膑，向他询问兵法。孙膑对答如流，并对诸侯国的军事力量进行了正确的分析，齐威王非常满意，便任命他为军师。后来，孙膑和田忌共同打败了魏国，挽救了处在危急之中的赵国。

7. 田忌原先赛马的地方叫遄台，位于今天淄博市临淄区齐都镇小王庄南约500米处，当地人俗称“歇马台”或“戏马台”。

（曹建）

王顾左右而言他

【解释】王：指齐宣王。顾：环顾。他：其他。原指齐宣王左右张望，避开正题而谈别的事情。现指故意岔开话题，回避难以答复的问题；或指与对方交流时，有意离题，说别的事情。

【出处】《孟子·梁惠王下》："曰：'四境之内不治，则如之何？'王顾左右而言他。"

1. 孟子来到齐国后，经常向齐宣王提出一些治理国家的建议。有一天，他对齐宣王说：“我有一件事情要和您探讨。我打个比方，要是大王您有一个臣子要到楚国去旅游，他放心不下自己的妻子和儿女，就把他们托付给自己的朋友照顾。”

2. 孟子接着说："等这个人旅游回来的时候，却看到他的妻子和儿女不仅没有得到很好的照顾，而且还在挨饿受冻。对待这样的朋友，您说应该怎么办呢？"

3. 齐宣王不假思索地说："那就和这个朋友绝交呗！"孟子说："如果您的司法官管理不好他的下属，那应该怎么办呢？"

4．齐宣王说："那就撤他的职好了！"孟子又进一步说："如果一个国君把自己的国家治理得很糟糕，那又该怎么办呢？"

5. 齐宣王听了，左右张望，和周围的大臣扯起了别的话题，把孟子的问话丢到一边去了。

（吴凤霞）

围魏救赵

【解释】本指围攻魏国的都城以解救赵国。后常比喻避实就虚，击于此而解于彼的战略战术。

【出处】《史记·孙子吴起列传》："孙子曰：'……今梁赵相攻，轻兵锐卒必竭于外，老弱罢于内。君不若引兵疾走大梁，据其街路，冲其方虚，彼必释赵而自救。是我一举解赵之围而收弊于魏也。'田忌从之。魏果去邯郸，与齐战于桂陵，大破梁军。"

批亢捣虚

【解释】批：用手击。亢：同"吭"，咽喉，比喻要害。捣：攻击。虚：空虚。比喻抓住要害，乘虚而入。

【出处】《史记·孙子吴起列传》："救斗者不搏撠(jǐ，击、刺)，批亢捣虚，形格势禁，则自为解耳。"

1．公元前354年，魏国派大将庞涓带兵攻打赵国。魏国军队长驱直入，赵国军队抵挡不住，节节败退。

2. 魏国军队很快就包围了赵国的都城邯郸。

3．双方打了一年多，赵国抵挡不住，眼看就要亡国，急忙向盟国齐国求救。

4. 齐威王于是任命田忌为主将，孙膑为军师，率领军队去援救赵国。孙膑因遭庞涓陷害而被挖去了膝盖骨，他只好坐在车内出谋划策，随军指挥战斗。

5. 田忌和孙膑率领齐军出征，前去援救赵国，但两人援救的主张不同。

6. 田忌主张直接带兵去邯郸打击魏军，给赵国解围。

7. 孙膑不赞成田忌的意见，建议说："想解开乱丝的人，不能用手生拉硬扯；解救斗殴的人，不能自己卷进去胡乱搏击。要扼住争斗者的要害，争斗者因形势限制，就不得不自行解开。如果直接去救邯郸，不等我军赶到，邯郸就被魏军攻下来了，我们即使去了，也很难再夺回邯郸。"

8. 孙膑接着分析："现在魏国的精锐部队都在围攻邯郸，内部必然空虚。我们要是乘机袭击魏国的都城大梁（今河南省开封市西北），大梁受到威胁，庞涓必然回兵来救，此时若在中途埋伏，可打败敌军。这样不就给赵国解了围吗？"

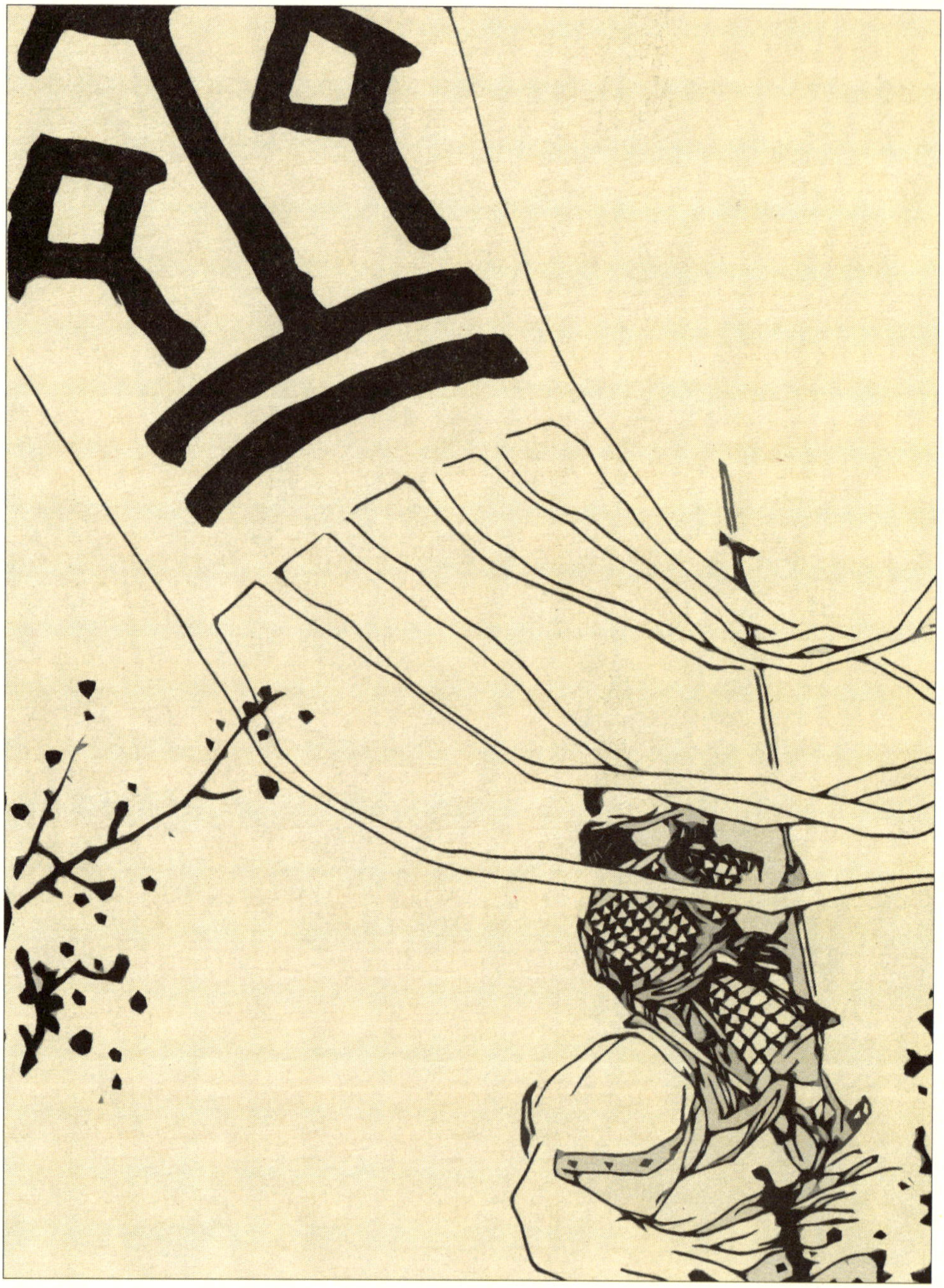

9. 田忌采纳了孙膑“抓住要害、乘虚而入”和“包围魏国首都，迫使魏军回兵援救，在中途伏击魏军”的战法，挥师直逼魏国的都城大梁。

10. 齐国的大军刚到桂陵(今菏泽市东北牡丹区何楼一带)，孙膑便叫田忌下令停了下来。孙膑说，当魏军从邯郸往回走的时候，一定要经过桂陵。因此，应该在此设伏，布下阵势，到时就一举把魏军歼灭。

11．田忌又依孙膑的计谋而行，很快将军队埋伏了下来。

12. 齐兵要攻打大梁的事情，庞涓很快就知道了。

13．他立刻命令从赵国退兵救大梁。魏军久围邯郸，已经非常疲惫；庞涓救大梁心切，又一连数天急行军，更使魏军疲惫不堪。

14. 魏军进入了齐兵埋伏的桂陵地带。只听一声号令，齐军从路的两侧一起奋勇杀出。

15. 突遭袭击，疲惫不堪的魏军哪里还能抵挡得住？他们战死的战死，受伤的受伤，不多时，魏军大败，死伤两万多人。

16．齐军大胜而归。庞涓只身逃回魏国（一说被俘后放回）。

（吕祥森）

勿忘在莒

【解释】莒：莒国，古国名，在今日照市莒县。不要忘记逃亡到莒国的情景。比喻不要忘本或不要忘记过去曾经艰苦的岁月。

【出处】《吕氏春秋·直谏》：“使公毋忘出奔在于莒也，使管仲毋忘束缚而于鲁也，使宁戚毋忘其饭牛而居于车下。”

1. 有一次，齐桓公和相国管仲、大夫鲍叔牙、大司田宁戚四人一起喝酒，喝到高兴时，齐桓公对鲍叔牙说："你们为什么不站起来给我祝酒？"

2. 鲍叔牙听了，就双手捧着酒杯站起来，说：“国君您曾经遭到自己的长兄追杀而逃亡到莒国避难，在那里，你受尽了苦难和歧视，希望你不要忘记那段寄人篱下的日子。”

3. 然后鲍叔牙转向管仲，说："当年你辅佐公子纠争夺君位失败，被囚禁在鲁国，差点被杀死，希望你不要忘记那段生命不保的日子。"

4．鲍叔牙最后看着宁戚说：“原先的时候，你在齐都城外给人家喂牛，经管仲的推荐和国君的赏识才有了今天的地位，也希望你不要忘记喂牛时那段穷困潦倒的日子。”

5. 齐桓公听了，也站起来，对鲍叔牙恭敬地说：“如果我和在座的两位大臣都不忘记您说的这些话，那么，齐国的江山就不会有危险了！”

6. 齐桓公能够虚心接受别人的劝告，听得进别人的肺腑之言。正因为他能够向别人敞开心扉，接受臣下的忠告，他的部下才能一直跟随在他的左右。君臣同心协力，最终称霸诸侯。

（韩雷声）

先辨淄渑

【解释】淄、渑（shéng）：淄博市临淄区境内的两条河。淄水在临淄城东、城南；渑水在临淄城西、城北。指淄、渑二水的味道不同，分开来能够辨别，合起来无法分辨。泛指事物融合后难以分辨。

【出处】《列子·仲尼》："目将眇（miǎo，瞎了一只眼，后也指两眼都看不见）者，先睹秋毫；耳将聋者，先闻蚋（ruì，一种吸人畜血液的昆虫）飞；口将爽者，先辨淄渑；鼻将窒（zhì，阻塞不通）者，先觉焦朽；体将僵者，先亟奔佚；心将迷者，先识是非：故物不至者则不反。"

1. 淄水就是现在的淄河，从齐国故城临淄东部流过；渑水与系水同源，傍故城西，到齐故城西北分流。向西流的是系水，向北流的是渑水。淄水与渑水的味道是不一样的，两条河的水混合起来以后就很难分辨了，但是有一个人能够分辨出来，这个人就是易牙。

2. 易牙是齐桓公时期的一位大奸臣，为了得到齐桓公的信任，他竟亲手杀死了自己三岁的儿子，做成菜肴献给齐桓公，还和其他奸臣一起害死了齐桓公。但不可否认的是，他也是一位出色的厨师，做得一手好菜，让齐桓公离开他就食不甘味。

3. 易牙对味道特别敏感，不但能够辨别出混合在一起的淄水和渑水，还善于调和五味。《孟子·告子上》说：易牙是掌握了我们口味上共同嗜好的人，天下的人都期望吃到易牙烹调的菜肴；《战国策·魏策》、《荀子·大略》、《淮南子·精神训》以及枚乘的《七发》、苏轼的《老饕（tāo）赋》等都肯定了易牙高超的厨艺。

4. 后人把易牙作为顶尖厨师的代称。《列子·仲尼》上说：味觉将要失败的人，能先辨别淄水和渑水的差异。意思是说易牙对味道的辨别和掌握已经达到了最高点，如果再往上那么一点点，就走到反面去了。

（韩雷声）

悬牛头，卖马脯

【解释】脯：肉干。意思指挂的是牛头，卖的是马肉干。比喻以假货欺骗人，名不副实。

【出处一】《晏子春秋·内篇杂下》：“君使服之于内，而禁之于外，犹悬牛首于门，而卖马肉于内也。”

【出处二】《后汉书·百官志》：“悬牛头，卖马脯，盗跖行，孔子语。”

1. 齐国国君齐灵公喜欢让宫女穿男人的服装，配戴男人的饰品，结果，全国的女人纷纷效仿，女扮男装一时成为社会的时尚。这样一来，男女难以分辨，全国一片混乱。

2. 齐灵公一看惹了这么大的麻烦，就命令官吏禁止此事。他下令："凡是女扮男装的，就撕烂她的衣裳，扯断她的衣带。"被撕烂衣服、扯断衣带的妇女很多，可她们仍然乐此不疲，女扮男装的风气还是刹不住。

3．一天，晏婴来见齐灵公。齐灵公向他请教："我让官吏禁止女扮男装，一旦发现，就撕毁她们的衣服，扯断她们的衣带，让她们难堪，可是为何屡禁不止？"

4. 晏婴说："你让宫女穿男人的衣服，戴男人的首饰，而不准宫外的人这样做，这就好比在大门外面挂上牛头，而在里面卖马肉干。这样怎么能彻底禁止？"

5. 齐灵公问："那你说怎么办呢？"晏婴说："最好的办法是从禁止宫女穿男装做起，外头的人谁还敢顶风而上？"齐灵公说："好。"

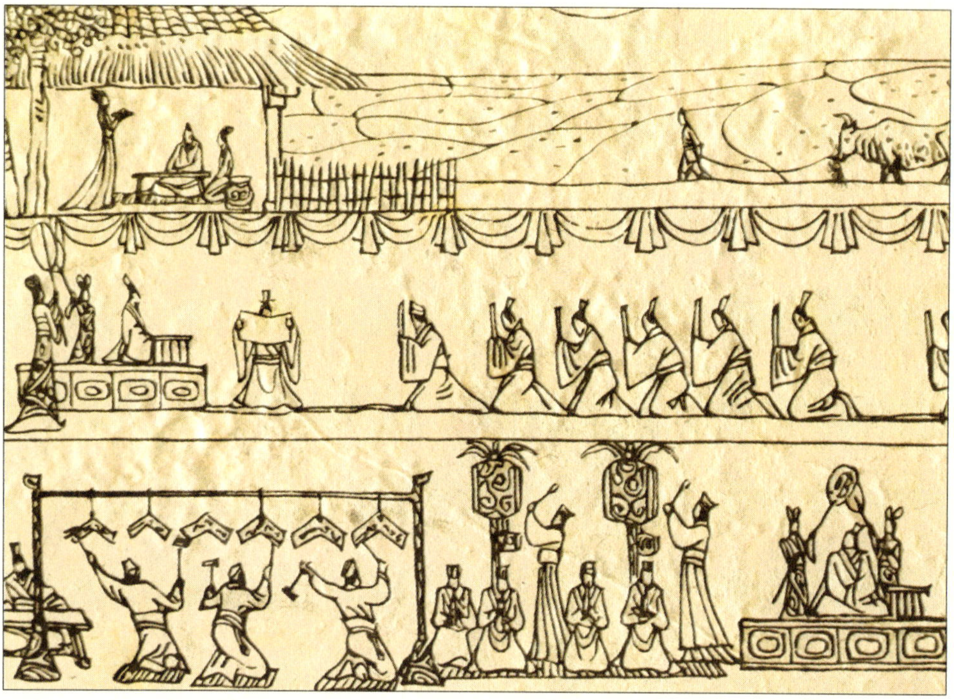

6. 齐灵公马上下令，让宫内的妇女不得再穿男装。仅仅过了一个月，齐国再也没有女人敢穿男装了，全国又恢复了男女有别的秩序。

（吕祥森）

言归于好

【解释】言：句首助词，无义。归于：回到。好：和好。指双方重新和好。

【出处】《左传·僖公九年》：“秋，齐侯盟诸侯于葵丘，曰：‘凡我同盟之人，既盟之后，言归于好。’宰孔先归，遇晋侯曰：‘可无会也。齐侯不务德而勤远略，故北伐山戎，南伐楚，西为此会也。东略之不知，西则否矣。其在乱乎。君务靖(jìng)乱，无勤于行。’”

1. 周朝建立以后，分封了许多诸侯国，这些诸侯国经过多年的兼并和分裂，形成了诸侯争霸的局面。其中，齐国的国君齐桓公任用管仲做相国，大力发展经济，加强军事力量，成为诸侯霸主。

2. 作为霸主的齐桓公，多次召集诸侯国进行会盟，以求国泰民安。后来，周惠王和太子郑发生了矛盾，齐桓公联合其他诸侯国，保住了太子郑的地位。不久，又拥立太子郑为天子，即周襄王。

3. 公元前651年，齐桓公又召集诸侯国在葵丘会盟。周襄王对齐桓公的帮助一直十分感激，作为报答，在这次诸侯会盟的时候，他特派使者把祭祀的祭肉送给齐桓公，算作一份厚礼。这是一种很高的待遇，等于承认了齐桓公在诸侯国中至高无上的地位。

4. 参加这次会盟的有齐国、鲁国、宋国、卫国等国的国君。各诸侯国订立了一个具有划时代意义的盟约，主要内容有：不准把水灾引向别国，不准因别国灾荒而不卖给粮食，不要轻易废掉已经立好的太子，尊重贤能之人，注重人才培养等。

5. 当会盟结束的时候，齐桓公强调："凡是参加会盟的各国，大家订立了盟约之后，一定要遵照执行，要消除过去的隔阂，重新友好相处。"这是齐桓公召集诸侯会盟中最盛大的一次，标志着齐桓公的霸业达到了顶峰。

（邵杰）

泱泱大风

【解释】泱泱：宏大的样子。指气魄宏大的大国风度。

【出处】《左传·襄公二十九年》："吴公子札来聘。……请观于周乐。……使工为之歌……为之歌《齐》，曰：'美哉，泱泱乎！大风也哉！表东海者，其大公乎！国未可量也。'"

1. 季札是春秋时期吴国国君的第四个儿子，他自幼精通音乐，贤良而又博学多才，很受世人尊敬。公元前544年，季札到鲁国进行访问。

2. 季札请求欣赏周朝的音乐和舞蹈，乐工为他表演了《周南》、《召南》、《邶（bèi）风》、《卫风》、《颂》等乐舞。季札以深刻的感受力和卓绝的见识，透彻地分析了礼乐之教的深远蕴义，并且透过音乐预见周朝的盛衰运势。他语惊四座，使众人刮目相看。

3. 当乐工为他表演《齐风》时，他由衷地赞叹道："美啊，多么宏大的声音啊！这是大国的音乐啊！作为东海的表率，大概是太公的国家吧！国家的前途真是不可限量。"

4．通过季札对《齐风》的高度评价，看出季札对齐国强盛和恢弘大气的民风十分赞赏，对齐国非常向往，对姜太公更是充满了崇敬景仰之情。

5. 季札的评价，从一个侧面反映出当时齐国的政治、经济的发展前景，同时也证明齐国在诸侯国中占据非常重要的地位。

（邵杰）

一鸣惊人

【解释】鸣：鸟叫。意思是一只平时不鸣叫的鸟，一旦鸣叫，声音惊人。比喻平时没有突出的表现，却一下子做出惊人的成绩。

【出处】《史记·滑稽列传》：“此鸟不飞则已，一飞冲天；不鸣则已，一鸣惊人。”

1. 战国时期，齐国有一个叫淳于髡的人，他是个赘婿（古代奴隶主为女奴找的男奴配偶），长得很矮，但是很会说话，常常用一些有趣的隐语（类似谜语或寓言）来劝谏君王，使君王不但不生气，还乐于接受。他曾经屡次出使其他诸侯国，从来没有给齐国抹黑。

2．当时，齐国的国君是齐威王，他本来很有才智，但即位后沉湎于酒色，每天只知道饮酒作乐，把一切国家大事都交给大臣去办理，自己不闻不问。因此，官吏们贪污腐败，周围的诸侯国也来侵犯，国家到了崩溃的边缘。一些正直的大臣想进行劝谏，但是又害怕齐威王，不敢出头。

3．看到这种情况，淳于髡也很着急。于是，他决定用隐语劝谏一下齐威王。一天，他见了齐威王，就说："大王，城中有一只大鸟，落在了您的庭院里有三年了。可是它不飞又不叫，您知道这是怎么回事吗？"

4．听了淳于髡的话，齐威王怔了怔。他是个聪明人，知道淳于髡是将大鸟比作自己，委婉地指出自己的过失。他沉吟了一会儿，说：“这只鸟不飞是不飞，它一旦飞起来，就直冲云霄；不鸣叫是不鸣叫，它一旦鸣叫起来，就使所有的人都感到惊异。”淳于髡看到君王有所悟，就放心地告辞了。

5. 齐威王知道自己应该振作了。他下令，让全国七十二个县的长官都到朝廷商议国事，奖赏了一个清正廉明的，诛杀了一个贪污腐败的；然后又整顿军队，全力抵抗侵略。其他诸侯国十分惊恐，都把侵占的齐国土地乖乖地还了回来。齐国从此走上了长治久安的发展轨道，一直长达三十多年。

（邵杰）

以法治国

【解释】法：法律。指依照法律来治理国家。

【出处】《管子·明法》："威不两错，政不二门。以法治国，则举错而已。是故有法度之制者，不可巧以诈伪；有权衡之称者，不可欺以轻重；有寻丈之数者，不可差以长短。"

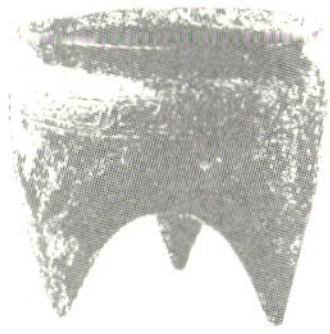

1. 以法治国这一典故出自《管子·明法》，书中说：国家危亡有四种表现：一是法令一开始就发不出去，执行不了，这叫做“灭”；二是法令发出去了，但是执行时中断了，这叫做“壅”；三是法令在贯彻执行过程中不能或没有向上反馈，出现了问题不能改进，这叫做“塞”；四是法令执行的情况在向上反馈时不被重视和采纳，这叫做“侵”。

2. 灭、壅、塞、侵四种现象的产生，都是由于立法方面出了问题，即法度没有确立好造成的。所以，治理国家要将法作为衡量人们言行是非、功过曲直的标准和人民必须遵守的行为规范确立起来，既不在法度外浪费心机，也不在法度内私行小惠。

3. 任何行动都要以法度为标准，这样做的目的，是为了禁止过错，杜绝营私行为的发生。君权不能由两家同时占有，法令不能由两家同时制定，如果法度的标准太多，就会出现混乱。

4. 以法治国就是一切按照法度来处理事情。有了法度的依据，人们的言行就有了标准，就避免了投机取巧；有了法度的标准，人们的言行就有了一定的度，就避免了欺骗；有了法度标准的大小，人们违反了法度就有了处罚的依据，就避免了出现差错。

（邵杰）

以民为本

【解释】古代民本思想的一种反映，认为万民百姓是国家的根本。治理国家应该以安民、得民作为根本。

【出处】《晏子春秋·内篇问下》："晏子对曰：'婴闻之，卑而不失尊，曲而不失正者，以民为本也。'"

1. 晏婴是齐国的相国，叔向是晋国的大臣，两个人都是著名的政治家和外交家，并且都是贤良正直的人。

2．春秋时代，特别是春秋中期、后期，诸侯国之间纷争不断，社会动荡不安。晏婴和叔向都对自己国家的前途、人民的困苦充满了担心和忧虑。

3．一天，叔向问晏婴："拥护国君是我们做臣子的本分，但是现在世道混乱，国君不讲道德，不行正义。我们要是忠于国君，就会失去本性，跟着他去做坏事；可要是不听从国君的，就违背了君臣之道。我们应该追随国君而失去民心呢，还是不追随国君而背叛君臣之道？真是为难啊！该怎么选择呢？"

4. 晏婴回答说：“一个人即使很卑微，也不能不顾道义。人民的利益是国家的根本，做一切事情都要从这个根本出发。国君不等于国家，做臣子的要忠于国家而不是忠于国君私人。因此，最好的办法就是以人民的利益为重。”

5．叔向问："这话怎么讲？"晏婴回答说："按理说，国君的目标就是使老百姓生活得安宁和幸福，两者本来是一致的。如果以百姓的利益为本，怎么会违背君臣之道？如果不为百姓谋利益，又如何谈得上道义？"

（邵杰）

以民为天

【解释】把老百姓当成最为重要的“天”。比喻一切以人民的利益为重。

【出处】《韩诗外传》：“管仲曰：‘所谓天，非苍莽之天也。王者以百姓为天，百姓与之则安，辅之则强，非之则危，倍之则亡。’”

1. 有一次，齐桓公问管仲："君王应该最看重什么？"管仲说："君王最看重的是天。"于是，齐桓公抬起头看着天空。

2. 管仲笑着说："我所说的天，不是我们头顶上高远辽阔、无边无际的天，而是指老百姓。当君王的要把老百姓当做天来尊重，这样才能赢得百姓的支持和拥护。"

3. 管仲又说："要是百姓都拥护当政者，国家就太平；百姓都尽力辅佐当政者，国家就强大；百姓如果不支持当政者，国家就危险；百姓要是都背叛了当政者，国家也就灭亡了。"

4. 管仲又进一步举例说："《诗经》上说：'人们要是没有良善之心，不但自己不加以反省，而且还会互相埋怨。'要是不重视老百姓的利益，引起他们不满，整天埋怨官吏，这样的国家一定会灭亡的。"

（邵杰）

因势利导

【解释】因：顺应。势：趋势。利导：引导。顺着事情发展的趋势很好地加以引导。

【出处】《史记·孙子吴起列传》："孙子谓田忌曰：'彼三晋之兵素悍勇而轻齐，齐号为怯，善战者因其势而利导之。兵法，百里而趣利者蹶（jué，跌倒，也指挫折、失败）上将，五十里而趣利者军半至。使齐军入魏地为十万灶，明日为五万灶，又明日为三万灶。'"

1. 公元前341年，魏惠王派太子申、大将庞涓率军进攻韩国，企图一举消灭韩国。

2. 在魏国军队的强大攻势下，韩国军队节节败退，国家岌岌可危。韩国国君派使者到齐国告急，请求齐国出兵相救。

3．齐王任命田忌为大将，田婴为副将，孙膑为军师，领兵前去帮助韩国抗击魏国。

4. 以前，魏国攻打赵国的时候，田忌和孙膑曾经率兵援救过赵国，利用“围魏救赵”的策略打败了魏国。这次，孙膑他们又采取了老办法，没有同魏国军队当面交锋，而是趁魏国国内防务空虚，率军攻打其首都大梁。

5. 魏惠王一看国都受到威胁，急忙下令调回主力军队来保护首都。接到命令，庞涓立即离开韩国，率领十万人马赶回，准备与齐国军队决一死战，以报当年齐军“围魏救赵”之仇。

6. 孙膑冷静地分析了敌我双方的情况，对田忌说："魏国军队素来勇猛彪悍，他们很轻视齐军，认为齐国士兵胆小怕事。而善于指挥作战的将领，就要顺着事情发展的趋势加以引导。我们不如将计就计，引兵撤退，装出惧怕的样子，引诱他们中计。"田忌点头称是。

7．当庞涓率军快要赶到魏国时，齐国的军队已经撤离大梁。庞涓认为齐军是因害怕而撤退。于是，他整顿兵马，紧追了过去。

8. 撤退途中，孙膑又对田忌说："为了引诱敌人上当，我们第一天挖下十万人做饭的锅灶，第二天减少为五万人的锅灶，第三天减为三万人的锅灶。魏国军队见我军的锅灶日益减少，认为我军害怕，逃兵越来越多，必然骄傲轻敌，拼命猛追。我们设下埋伏，一定会大破魏军。"田忌依计而行。

9. 在追击的过程中，庞涓发现齐军的锅灶一天比一天少，果然以为齐军怯懦，已经到了不堪一击的程度。他大喜过望，立即传令：将步兵留在后面，自己率领精锐部队，骑上战马，日夜兼程地沿着齐军逃跑的方向猛追不舍。

10. 齐军撤退到马陵（今聊城市莘县境内）附近时，孙膑见这个地方山势险峻，道路狭窄，森林茂密，易守难攻，是埋伏歼敌的好战场，并且判定庞涓一行将在日暮时分赶到这里，遂建议在此设下埋伏。

11. 孙膑吩咐士兵，在路中间放置许多石块，并将一棵树砍去树皮，露出白色的树身，上写“庞涓死于此树之下”。然后命令一万名弓弩手埋伏在道路两旁，对他们说：“等魏国的军队来到，你们看见树下有火把照亮的时候，就一齐放箭。”

12．果然不出孙膑所料，庞涓的部队在傍晚赶到了马陵。士兵报告说道路上有障碍，庞涓下令：清除障碍，继续追击。

13. 士兵又来报告，说一棵大树上写着字，但是因天黑看不清楚。

14. 庞涓很好奇，让军士拿火把来，亲自下马到树前观看，只见上面写着“庞涓死于此树之下”几个大字。庞涓大吃一惊，自知中了孙膑的计，他想躲开，可是已经来不及了。

15. 埋伏在道路两旁的齐国弓弩手见树下有亮光，立即拉弓射箭。

16．一时万箭齐发，喊声四起，庞涓见败局已定，无可挽回，拔剑自刎。临死前，他仰天长叹：“唉！我的失败倒成全了孙膑这小子的名声了！”

17. 一见主帅死了，魏国军队顿时乱了阵脚，他们东奔西窜，自相践踏，加上齐国军队的箭射和刀杀，所有的精锐都被歼灭，齐军取得了胜利。这就是历史上有名的“马陵之战”。

（邵杰）

因俗简礼

【解释】因：沿袭。俗：风俗，周朝初期东夷人的生活方式。指尊重和沿袭东夷人的文化传统，不强制推行周礼。

【出处】《史记·齐太公世家》："太公至国，修政，因其俗，简其礼，通商工之业，便鱼盐之利。而人民多归齐，齐为大国。"

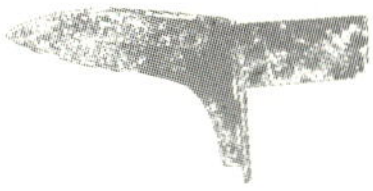

1. 姜太公一直认为：天下不是一个人的天下，而是天下人的天下。因此，建立齐国以后，他同样将这个理论贯彻到齐国，主张齐国不是一姓人的齐国，而是齐国人的齐国。基于这样的思想，他十分尊重当时齐地人的风俗习惯。

2. 当时的齐地多数为东夷人，而东夷人最为重要的习俗就是尊贤尚功，即：尊重有才能的人，选择有本事、能干出成绩的人做官。姜太公没有简单地套用周朝的原有制度，而是沿袭了齐地原有的传统以及与这种传统相适应的文化。他吸收大批东夷土著中的人才加入到统治阶层，避免了民族矛盾，调动了广大群众的积极性。

3. 姜太公在用人上提出了“六守”、“八征”、“六不用”的人才理论，对通过考核选出的人才，不分亲疏，用其所长，最大限度地发挥了他们的作用。这一用人路线，彻底打破了西周以血缘关系为基础的“尊尊亲亲”的正统思想束缚。

4. 姜太公还根据齐地的实际情况制定政策：针对土地相对贫瘠、交通位置相对优越的特点，大力发展工商业；针对临近大海的特点，大力发展渔业和盐业。这些措施使齐国很快富强起来，为以后齐国称霸诸侯奠定了良好的基础。

（邵家朋）

有恃无恐

【解释】恃：倚仗，依靠。恐：害怕。意思是有依靠就没有什么害怕的。指有某种势力可以倚仗，言行无所顾忌。

【出处】《左传·僖公二十六年》：“‘桓公是以纠合诸侯而谋其不协，弥缝其阙（quē，过失、疏失）而匡救其灾，昭旧职也。及君即位，诸侯之望曰：其率桓之功。我敝邑用不敢保聚，曰：岂其嗣世九年而弃命废职，其若先君何？君必不然。恃此以不恐。’齐侯乃还。”

1. 春秋时期，齐国国君齐孝公率军攻打鲁国。还没有等他进入鲁国，鲁国大夫展喜就前来拜见，并对他说："我们国君听说您大驾光临，屈尊来到我国，特意派我来犒劳您和您的部下。"

2. 齐孝公一听觉得奇怪，问道："我率军来攻打鲁国，难道你们不害怕吗？"展喜说："平民百姓害怕，但是君子不害怕。"齐孝公说："哦？你们国家缺吃少穿，凭什么不害怕？"展喜说："我们凭借着先王的命令。"

3. 齐孝公说："先王的命令？说来听听。"展喜说："从前，我们的先君和齐国的先君姜太公共同辅佐周王打天下，分封到鲁国和齐国以后，他们曾经盟过誓，要世世代代友好下去，互不侵犯。这些誓言至今还保存在太史那里呢！"

4. 见齐孝公低头不语，展喜又说：“您的父亲齐桓公会盟诸侯的时候也这样宣过誓。我们不相信您的父亲才去世几年，您就背弃了誓言。我们就是倚仗这些才不恐惧的。”齐孝公听了，就领着自己的军队回去了。

（邵杰）

有志者事竟成

【解释】竟：终于。意志坚定、不断努力的人，事情终究会成功。

【出处】《后汉书·耿弇（yǎn）列传》：“帝谓弇曰：‘昔韩信破历下以开基，今将军攻祝阿以发迹，此皆齐之西界，功足相方。而韩信袭击已降，将军独拔劲敌，其功乃难于信也。……将军前在南阳建此大策，常以为落落难合，有志者事竟成也。’”

1. 耿弇是东汉时期的开国名将，二十岁左右投奔刘秀，曾主动请缨攻取齐地。29年，他奉光武帝刘秀之命讨伐割据齐地的军阀张步。耿弇将投降的士兵全部聚集起来，编成部队，设置将吏，率兵向东渡过济河。

2. 张步听到消息，派大将费邑驻军历下（今济南市历城区西南），又分兵屯守祝阿（今济南市长清区东北），另外在太山钟城（今德州市禹城）建造了几十个营垒，准备迎击耿弇的部队。

3. 耿弇避开张步的防线，率军接连攻克了祝阿、钟城、巨里(今属济南市)等地，并杀死了费邑。耿弇又收缴城中的财物，发兵攻打各处没有投降的部队，一连攻破了四十多个营垒，终于平定了济南。

4. 当时张步建都剧县（今潍坊市寿光），派遣他的弟弟张蓝率领精兵二万守卫西安（今淄博市临淄区凤凰镇南高阳村），另派一万多人守临淄，两地相距四十里。耿弇首先攻下了位于西安和临淄两座城中间的画中（今淄博市临淄区桐林、田旺一带）。

5. 耿弇扬言五天后攻西安。张蓝听说后，日夜小心防守。五天后，耿弇率领部队赶到临淄城。部下认为应当迅速攻打西安。耿弇说："西安听说我们要去攻打，已经有所防备，先打西安，死伤一定多。我们出其不意攻打临淄，守军惊慌，很快就能攻下。"果然，他们半日之内就将临淄攻下。

6. 张蓝兵败后撤回了剧县。张步见临淄已经失守，剧县也难以守住，便集中二十万军队反攻。耿弇下令士兵不得胡乱抢劫，等张步赶到再进行抢劫，以此来激怒张步。

7. 耿弇派一支部队到淄河引诱张步来攻打。张步士气旺盛，直接进攻耿弇的军营，和耿弇的部队交战。耿弇登上高处瞭望战场，见部下和张步的军队交锋了，就带领精兵在临淄东城下拦腰突击张步的军阵，很快就打败了张步。

8. 战斗中，耿弇的大腿被箭射中，他随手用自己的佩刀截断了箭，没有告诉任何人。战斗一直持续到天黑。第二天早晨，耿弇又率领军队继续战斗。

9. 耿弇知道张步的部队已经非常疲乏，难以继续作战，即将撤退，就预先在左右两侧设下埋伏等他前来。夜深人静时，张步果然领兵撤离，中了耿弇的埋伏。伏兵出击，一直追到钜昧（今潍坊市寿光西）水边，耿弇大获全胜。

10. 此时，光武帝来到前线慰劳，大会群臣，说："从前韩信攻破历下开创基业，如今将军攻下祝阿立功扬名，这都是齐地的西部。但韩信袭击的是已经投降的敌人，相比之下，耿将军独自攻克强敌，这项功劳比韩信更大。"

11．光武帝又说："以前的时候，将军在南阳定下这个大计，并向我请求出兵，我曾经认为这个计策草率难成，现在看来，反倒是我多虑了。这真是有志者事竟成啊！"

12. 会后，耿弇继续追击张步，迫使张步率十万人投降。耿弇把张步交给光武帝处理，把张步的士兵全遣散回乡，然后他又领兵到城阳（今日照市莒县），使敌军的余党投降，从此以后，齐地全部平定。

（邵杰）

余音绕梁，三日不绝

【解释】音乐演奏结束后，留下的乐音还回旋在房梁上。形容美妙的音乐给人们留下深刻的印象。

【出处】《列子·汤问》："昔韩娥东之齐，匮（kuì，缺乏）粮，过雍门，鬻歌假食。既去，而余音绕梁欐(lì)，三日不绝，左右以其人弗去。"

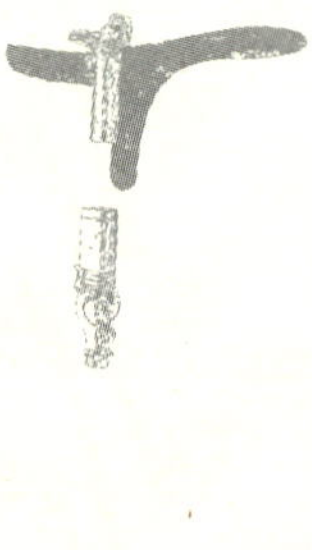

1. 战国时期，韩国有一个姑娘叫韩娥，她的歌声非常优美动听。有一年，韩国发生了灾荒，韩娥离乡背井外出逃荒。她流浪到齐国，来到雍门（齐国的城门之一）附近，天快黑了，带来的干粮已经吃光，她又累又渴。为了填饱肚子，她打起精神唱起了歌，想通过卖唱讨口饭吃。

2. 韩娥美妙婉转的歌声深深打动了人们的心弦，大家纷纷驻足倾听，慷慨解囊。歌声给百姓留下了深刻的印象，三天过去了，人们感觉到歌声的余音还仿佛在房梁间回环萦绕。

3. 后来，韩娥到一家旅店投宿，店主见她破衣烂衫，面容憔悴，怕她交不起房钱，不但将她辱骂一顿，还连推带搡地把她赶出了店门。

4．韩娥又气又恨，连夜出城去了。想起自己的凄凉身世和不幸遭遇，韩娥伤心极了，她一路走，一路哀歌不止。

5. 听了她哀伤的歌声，附近的百姓都被感染，男女老少唏嘘哀叹，泪流不止，悲伤得三天都吃不下饭去。

6. 看着韩娥伤心地离去，人们实在不忍心，纷纷走出家门，一起把她追了回来；并且给她送来了食物和衣服，又给她提供了住处。

7. 韩娥非常感动，又为大家唱起了歌。听见她的歌声，大家鼓起了掌，跳起了舞，个个眉开眼笑，情不自禁地忘记了先前的悲伤，于是又赠给了韩娥很多财物，开开心心地送她上路了。

（邵杰）

余勇可贾

【解释】余勇：剩下来的勇力。贾（gǔ）：卖。原意是我还有余力可卖，谁要就可以来买。表示还有力量没有用完。

【出处】《左传·成公二年》："齐侯曰：'大夫之许，寡人之愿也；若其不许，亦将见也。'齐高固入晋师，桀石以投人，禽之而乘其车，系桑本焉，以徇齐垒，曰：'欲勇者，贾余余勇。'"

灭此朝食

【解释】此：代词，指敌人。朝食：吃早饭。先把敌人消灭掉再吃早饭。形容急于消灭敌人的心情或必胜的信心。

【出处】《左传·成公二年》："癸酉，师陈于鞌(ān，春秋时期齐国地名，在今济南市附近)。邴夏御齐侯，逢丑父为右。晋解张御郤(xì) 克，郑丘缓为右。齐侯曰：'余姑翦灭此而朝食！'不介马而驰之。"

1. 公元前589年，齐顷公率军攻打鲁国，卫国出兵援救鲁国。齐国军队打败了卫国军队，并进驻了卫国。情急之下，鲁国和卫国又向晋国求救，晋国派郤克为统帅，又联合了曹国等诸侯国一同支援鲁国和卫国。郤克率领的诸侯联军前往攻打齐军。

2. 齐顷公听到消息，下令军队避开诸侯联军的锋芒，迅速向东撤退。联军一路追击，到达齐国西南部的靡笄（jī）山（今济南市千佛山）下。齐顷公下令停止撤退，并派人向联军挑战。

3. 此时，齐国上卿、左军统帅高固突然一个人冲进联军军营，举起大石块砸向敌人，并缴获了一辆兵车。联军被高固这突如其来的举动吓呆了，还没等回过神来，只见高固又抓了一个士兵，以迅雷不及掩耳之势跳上兵车，回到了齐国军营。

4. 高固将抓回来的俘虏绑在军营前的桑树上，齐国将士们围上来，大家啧啧称奇。高固得意地向众人炫耀说："我的勇力还没有用完呢！谁要是需要的话，就来买我的勇力好了！"

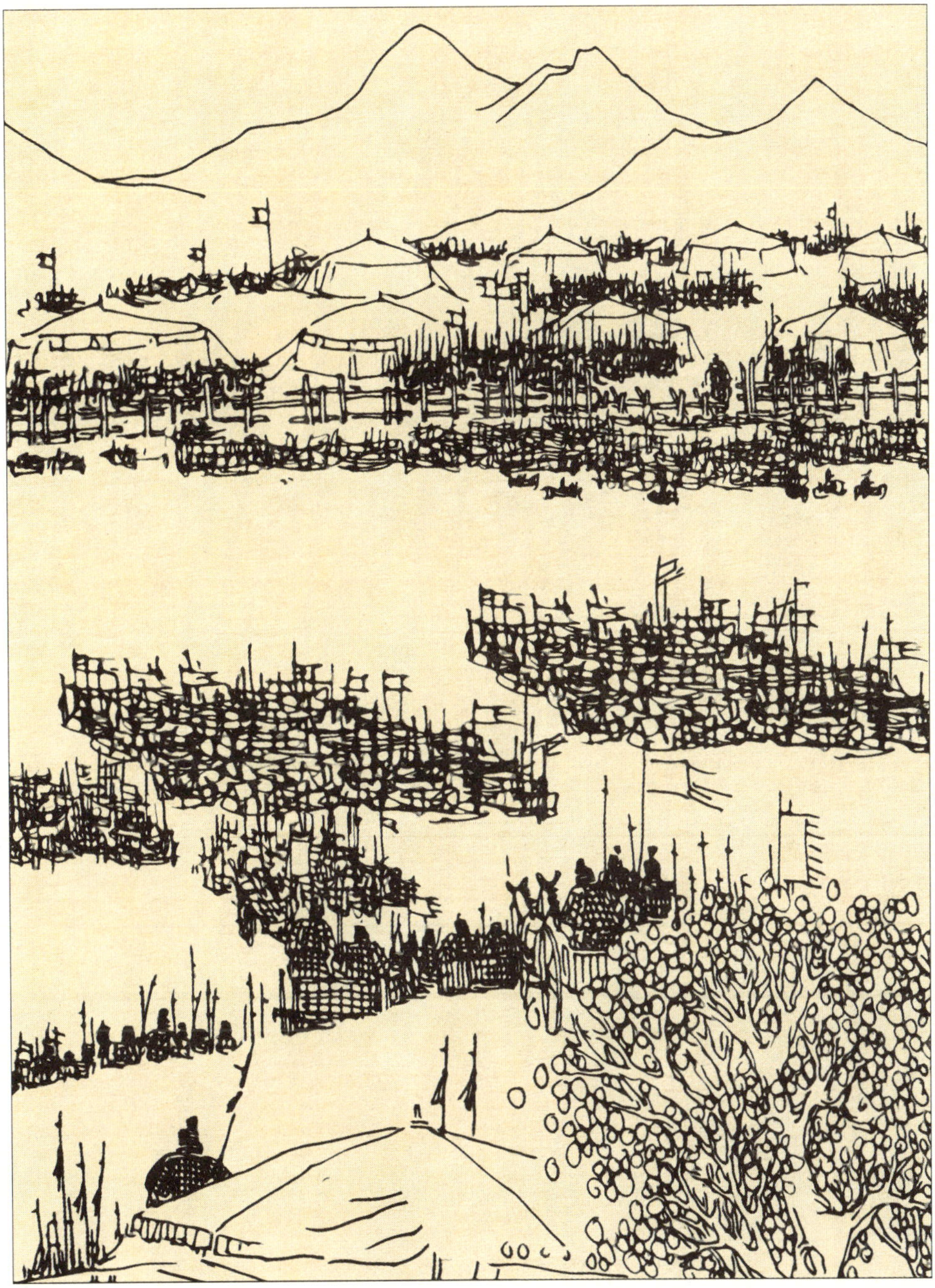

5. 后来，齐国军队与诸侯联军在鞌地摆开阵势，齐顷公骄傲轻敌，急于交战，想迅速取得胜利，于是与联军约定，第二天早上开战。

6．好不容易熬到第二天早上，齐顷公亲自披挂上阵，他命人擂响战鼓，向将士们发出号召：“齐国的勇士们，战斗的时刻就要来到了。我们一定会取得胜利的！等打垮了敌人，我们再来美美地吃上一顿早餐吧。冲啊！”

7. 战斗一开始，齐国的攻势很猛，联军主帅郤克受了伤，但是他仍然带伤指挥作战。齐军不久就溃败了，齐顷公险些被俘。这就是历史上著名的“鞌之战”。

（邵杰）

与民同乐

【解释】原指君王施行仁政，与百姓休戚与共。意思是和人民群众的感情相一致，与人民一起享受快乐。

【出处】《孟子·梁惠王下》：“今王田猎于此，百姓闻王车马之音，见羽旄（máo，古代用牦牛尾装饰的旗子）之美，举欣欣然有喜色而相告曰：‘吾王庶几无疾病与，何以能田猎也？’此无他，与民同乐也。今王与百姓同乐，则王矣。”

1. 齐国大臣庄暴见到孟子，说："我被齐王召见，齐王说他喜爱音乐，我不知道怎样回答他。请教您，我该怎样回答呢？"孟子说："要是齐王喜爱音乐就好了，齐国就有希望了！"

2. 后来，齐宣王接见孟子时，孟子问齐宣王："大王曾对庄暴说您喜爱音乐，有这回事吗？"齐宣王不好意思地说："我不是喜爱古代先王的音乐，只是喜爱世俗的音乐罢了。"孟子说："大王非常喜爱音乐，这很好啊，齐国就有希望了！现在的音乐和古代的音乐是一样的啊！"

3. 齐宣王问："可以把道理讲给我听听吗？"孟子问："一个人欣赏音乐快乐，还是与别人一起欣赏音乐快乐呢？"齐宣王说："同别人一起欣赏更快乐一些。"孟子又问："同少数人一起欣赏音乐快乐，还是同大家一起欣赏音乐快乐呢？"齐宣王说："同大家一起欣赏更快乐一些。"

4. 孟子说："那我就为大王谈谈音乐吧。假设大王在这里奏乐，百姓听到大王钟鼓的声音、箫笛的曲调，全都脑袋疼，眉头紧皱，互相议论说：'我们君王喜爱音乐，为什么使我们痛苦到这般地步？父子不能相见，兄弟妻儿离散。'这没有别的原因，是没有和百姓共同快乐的缘故。"

5. 孟子说："假设大王打猎，百姓听到大王车马的声音，看到旗帜的华美，全都浑身不舒服，互相议论说：'我们的君王喜欢打猎，为什么使我们痛苦到这般地步？我们流离失所，生活没有着落。'这没有别的原因，是不和百姓共同快乐的缘故。"

6. 孟子最后说：“要是大王奏乐，百姓听到了，都欢欣鼓舞地说：‘咱们君王的身体一定很好吧，不然怎么能奏乐呢？’要是大王打猎，百姓看到了，都喜形于色地说：‘咱们君王一定安康吧，不然怎么能骑马打猎呢？’这是和百姓共同快乐的缘故。如果大王能和百姓共同快乐，称王天下就没有问题了。”

（邵杰）

缘木求鱼

【解释】缘：顺着，沿着。意思是爬到树上去捉鱼。比喻方向或方法不对头，达不到预期的效果和目的。

【出处】《孟子·梁惠王上》："曰：'……缘木求鱼，虽不得鱼，无后灾；以若所为，求若所欲，尽心力而为之，后必有灾。'"

寡不敌众

【解释】寡：少。敌：匹敌，阻挡。意思是人少抵挡不住人多，形容在战争中敌对双方的势力悬殊太大。

【出处】《孟子·梁惠王上》："然则小固不可以敌大，寡固不可以敌众，弱固不可以敌强。"

1. 在齐宣王时期，孟子第二次来到齐国。当时，孟子已经是非常有名的大学问家了。齐宣王非常喜欢博学多才的人，于是，他当即赐给孟子豪华的宅院和很多钱财。虽然齐宣王没有请孟子担任高官，但是经常邀请他参与议论国家大事。

2. 一次，齐宣王向孟子请教治理国家的方法。孟子问齐宣王：“您最大的愿望是什么呢？”齐宣王笑了笑，没有说话。

3．孟子说：“难道是因为肥美的食物不够您享用吗？轻软温暖的衣服不够您穿吗？艳丽的色彩不够您看吗？美妙的音乐不够您听吗？左右的侍从不够您使唤吗？这些，大王的手下都能给您办到，大王难道是为了这些吗？”齐宣王说：“这些都不是！”

4. 孟子说："我知道了，您最大的心愿是扩大自己的疆土，提高自己的威信，做诸侯国中的第一，使其他诸侯国都来朝拜您。可是，用您现在的做事方法去实现您的愿望，就好比爬到树上去捉鱼一样，不大好办哪！"

5. 齐宣王说："有那么难吗？"孟子说："我看比这还要难呢！到树上捉鱼，最多捉不到鱼，不会有什么后患。要是按您的做法去实现愿望，不但达不到目标，还会招来灾祸。"

6．齐宣王问："这是为什么呢?请你给我讲一讲其中的道理吧！"孟子没有正面回答，反问道："要是邹国跟楚国打仗，谁会取得胜利？"齐宣王说："这很简单，楚国强大而邹国弱小，当然是楚国取胜了。"

7．孟子说：“小的一方不可以同大的一方敌对，人少的不可以同人多的敌对，势力弱的不可以同势力强的抗衡。如果把所有诸侯国的实力加起来，齐国只占其中的九分之一，而其他国家联合起来占到九分之八。靠九分之一的力量去征服九分之八，这跟邹国和楚国打仗没有什么两样！”

8. 孟子又说："如果从现在开始，您怀着仁爱之心去治理国家，爱护自己的百姓，百姓就会拥护您，就连其他诸侯国的百姓也会把您当做知心人，跑来向您倾诉。要是这样的话，谁能阻挡您统一天下呢？"

9. 齐宣王说："你教教我怎么办吧！"孟子说："要做贤明的君主，就要采取措施，让百姓种好庄稼，种好树，养好家畜和家禽，还要教育百姓孝顺父母、尊重兄长，使他们吃得饱、穿得暖，有足够的钱粮养活一家老小。总之，就是要实行仁政。"

10．孟子讲得道理虽然很明白，但是齐宣王没有采纳他的意见。后来，齐宣王又盲目地讨伐燕国，与之结下了很深的矛盾，导致后来燕国的报复，致使齐国元气大伤。

（邵家朋）

凿楹纳书

【解释】凿：凿孔，挖洞。楹（yíng）：厅堂前的柱子。书：书信，此处指遗书。凿开柱子藏遗书，比喻把东西藏起来，以达到永久传下去的目的。

【出处】《晏子春秋·内篇杂下》："晏子病，将死，凿楹纳书焉。谓其妻曰：'楹语也，子壮而示之。'及壮，发书之言曰：'布帛不可穷，穷不可饰；牛马不可穷，穷不可服；士不可穷，穷不可任；国不可穷，穷不可窃也。'"

1. 晏婴先后辅佐过三个齐国君主，得到过很多赏赐，但是他都没有接受，始终过着简朴的生活。晏婴病重，他知道自己将不久于人世，便对妻子说："我快不行了。我已经写好了一封遗书，你把它藏在堂前的柱子里吧！"他的妻子便在房前的柱子上凿了一个洞，把遗书放了进去。

2．晏婴嘱咐妻子说："现在孩子们还小，等他们长大了再把我的遗书拿出来给他们看。要他们记住咱们家良好的家风。"

3. 很多年过去了，晏婴的孩子们都长大了。一天，晏婴的妻子从房前的柱子里拿出了那封遗书，对孩子们说：“这是你们的父亲临终前写给你们的，现在你们都长大成人了，可以把它打开了。”

4. 孩子们打开遗书，只见上面写道：布匹不能没有，没有布匹就没有衣服穿；牛马不能没有，没有牛马就不能耕地驾车。但最重要的是，国家不能没有，没有国家，就什么也没有了。

5. 晏婴的这些话，是要孩子们把勤劳简朴的家风继承下去：一是要养家糊口，自立自强地生存；二是要有责任和担当，要为国家做一些有意义的事情。

（邵家朋）

早出晚归

【解释】清早出门，晚上才回来。比喻兢兢业业，辛勤工作。

【出处】《战国策·齐策六》："王孙贾年十五，事湣王。王出走，失王之处。其母曰：'女朝出而晚来，则吾倚门而望；女暮出而不还，则吾倚闾而望。女今事王，王出走，女不知其处，女尚何归？'"

门闾之望

【解释】闾：古代二十五家为一闾。原指里巷的大门，后指人聚居处。指父母对子女的想念。

【出处】同"早出晚归"。

1. 战国时期，燕国大将乐毅率领燕、秦、赵、魏等诸侯联军攻打齐国，楚国派淖（nào）齿率军援救齐国，被齐湣王任命为相国。公元前284年，乐毅在济水（古水名，发源于今河南省，流经山东省入渤海）打败了齐军，齐湣王战败逃亡。

2．齐国有个十五岁的少年叫王孙贾，一直在齐湣王身边侍奉，因为不知道国君逃到了何处，他只好呆在家里。他的母亲说："孩子啊！你早出晚归，我就倚着家门盼着你回来；等到晚上你还没有回来，我就倚着闾门盼着你回来。你侍奉国君，为国家做事，现在国君不知逃到了哪里，你怎么能心安理得地呆在家里呢？"

3. 听了母亲的话，王孙贾感到非常惭愧，决心要为国出力。此时，淖齿妄图伙同燕国瓜分齐国，杀掉了齐湣王。王孙贾来到市场上，号召百姓说："淖齿在齐国作乱，杀了我们的国君，愿意跟我去讨伐淖齿的，就跟我走！"在场的四百多人纷纷响应，他们在王孙贾的带领下，杀掉了淖齿。

（邵杰）

知子莫若父

【解释】知：熟悉。莫：没有。若：像。没有比父亲更了解儿子的。

【出处】《管子·大匡》："齐僖公生公子诸儿、公子纠、公子小白。使鲍叔傅小白，鲍叔辞，称疾不出。管仲与召忽往见之，曰：'何故不出？'鲍叔曰：'先人有言曰：知子莫若父，知臣莫若君。今君知臣不肖也，是以使贱臣傅小白也。'"

1. 管仲、鲍叔牙和召忽是齐僖公时期的三个大臣，他们各有才干，为治理齐国作了很多贡献。

2. 齐僖公有三个儿子，分别是公子诸儿、公子纠和公子小白。齐僖公委派大臣鲍叔牙辅佐小白，鲍叔牙不愿意干，就推说自己有病，待在家里不上任。

3. 大臣管仲和召忽一起去看望鲍叔牙，劝他出来辅佐小白。鲍叔牙说："先人讲过：没有比父亲更了解自己儿子的，没有比君主更了解自己臣子的。国君知道我不行，才让我辅佐小白，我不干。"召忽说："我向国君说你病得快要死了，国君就不会勉强你了。"

4. 管仲说："不行！主持国家大事的人，应该以身作则、敢于担当，不应该推卸责任。"召忽说："我看小白将来一定当不上国君。"管仲说："那不一定。诸儿虽然是长子，但品质不好；纠的母亲遭人厌恶，也影响到他的名声；小白从不耍小聪明，有很多长处。以后还指望你好好辅佐他。"

5. 在管仲的劝说下，鲍叔牙终于同意辅佐小白。后来，小白当上了国君，就是齐桓公。在鲍叔牙和管仲的共同辅佐下，小白最终成为春秋时期第一个称霸诸侯的国君。

（邵杰）

直言不讳

【解释】直：坦率。讳：顾忌。指说话坦率，毫无顾忌。

【出处】《晏子春秋·外篇》："晏子相景公，其论人也，见贤而进之，不同君所欲；见不善则废之，不辟君所爱；行己而无私，直言而无讳。……晏子至，公一归七年之禄，而家无藏。晏子立，诸侯忌其威，高、国服其政，燕、鲁贡职，小国时朝。晏子没而后衰。"

1. 晏婴是齐景公时期的相国，在用人上，他发现贤能的就提拔，不以君王的好恶为标准；发现不好的就免职，也不管他们是不是君王的亲信；在言行上，他做事大公无私，说话坦率诚恳，毫无顾忌。

2. 晏婴的做法引起了一些人的不满，有人向齐景公提意见说："任用人才不与君王的喜好相协调，叫做专权；说话在君王面前也不顾忌，叫做傲慢。晏婴既专权又傲慢，不遵守君臣之间的规矩，怎么能算得上忠臣呢？"齐景公听了，认为这些话有道理，心里亦对晏婴不满。

3. 晏婴入朝，齐景公见了他，脸色很不好看。了解了情况以后，晏婴回家将东西收拾好，装上车，向齐景公辞去了相国的职务，带着一家老小来到东海附近一个偏僻的地方开荒种地，过起了隐居的生活。转眼七年过去了，他原来的家里长满了荒草，破败不堪。

4．晏婴走后，齐景公亲自管理国家。但是他治国无方，百姓生活困苦，其他诸侯国的国君都非常轻视他；国内的大贵族国氏、高氏都不把他放在眼里，他的地位和权力岌岌可危。齐景公害怕了，无奈之下，又将晏婴召回了国都。

5. 晏婴官复原职以后，齐景公将七年的俸禄如数发放给他，晏婴没有据为己有，而是全部赈济了灾民。其他诸侯国害怕晏婴的威严，都来向齐国朝贡和觐见，国氏、高氏也乖乖地服从君主，齐国又恢复了以往的平静和安宁。可是晏婴死后，齐国就衰落了。

（邵杰）

志在四方

【解释】四方：天下。有远大的抱负和理想。多指不株守一地，远行以建功立业。

【出处】《左传·僖公二十三年》：“姜氏杀之。而谓公子曰：‘子有四方之志，其闻之者，吾杀之矣！’公子曰：‘无之。’姜曰：‘行也，怀与安，实败名。’公子不可。姜与子犯谋，醉而遣之。”

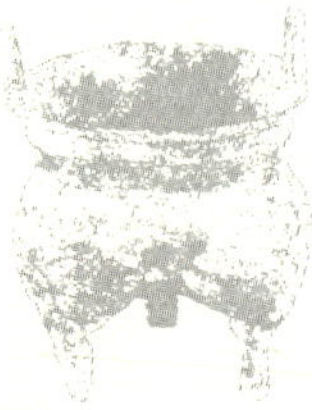

1．春秋时期，晋国发生了内乱，公子重耳逃往国外，跟随他的有狐偃（yǎn）、赵衰等人。重耳到了齐国，齐桓公很尊敬他，把自己宗族的女儿齐姜嫁给他，送给他很多财物，并在各方面给他优厚的待遇。从此，重耳就在齐国舒舒服服地住了下来，再也不想走了。

2. 跟从重耳的狐偃、赵衰等人非常着急，认为他这样下去会消磨意志，耽误了建功立业。一天，他们在桑树底下商量办法，一个女仆听到了，便把这件事告诉了齐姜。齐姜知道这件事事关重大，如果走漏了风声，后果不堪设想，就把女仆杀了。

3. 齐姜对重耳说："你有远走四方建功立业的打算吧？偷听到这件事的人，我已经把她杀掉了。"重耳说："没有这回事。"齐姜劝他说："你走吧，去干你该干的事情去吧！贪图享乐，安于现状，会丧失你的斗志，毁坏你的前途。"可是重耳不听。

4. 见重耳不肯走，齐姜很着急，她将狐偃、赵衰等人找来，共同商量了一个计策。他们用酒把重耳灌醉，趁他昏睡的时候，把他抬上车，驾车离开了齐国。等重耳醒来，早已走出很远了，虽然他心里很不满意，但也无可奈何。

5. 后来，重耳经过千辛万苦，终于回到了晋国，又在大臣的拥护下登上了君位，就是历史上赫赫有名的晋文公。即位后，晋文公励精图治，实行了一系列改革，国家不断强大，最终成为春秋五霸之一。

（邵杰）

智者千虑，必有一失

【解释】失：失误。即使最聪明的人在许许多多的考虑中也会有一次错的，指再三的考虑也有失误的地方。

【出处】《晏子春秋·内篇杂下》：“晏子曰：‘婴闻之，圣人千虑，必有一失，愚人千虑，必有一得。意者管仲之失而婴之得者耶？故再拜而不敢受命。’”

1. 有一天，晏婴正要吃午饭，齐景公派使臣来见他。晏婴就把自己的饭菜分成两份，请使臣共进午餐。因为晏婴平时很节俭，做的饭刚刚够吃，结果，使臣没吃饱，晏婴也没吃饱。

2. 使臣回去后，把晏婴家里清贫的情况告诉了齐景公。齐景公惊叹道："唉！晏相国的家怎么这样穷啊！作为国君，我不了解情况，这是我的过错。"于是，他派人给晏婴送去千两黄金。晏婴没有接受，退了回去。

3．多次相送，晏婴多次推辞，他对齐景公说：“我家不贫穷。您给我的俸禄，我的家人都享受到了，我还能攒下一些接济朋友和百姓呢！忠臣不会把国君的赏赐分给百姓来收买人心，仁义的人不会将君王赏赐的厚礼据为己有。只要有衣穿，有饭吃，心里满足，就可以免于一切忧患。”

4. 齐景公坚持要把金子赐给晏婴，对他说：“从前我们的君主桓公用一千二百五十家的土地和人口授予管仲，他没有推辞就接受了，现在你为什么要推辞呢？”

5. 晏婴回答说："我听到过这样的说法：圣明的人虽然经过千百次考虑，难免有一次失误；愚笨的人经过千百次考虑，总会有一次正确。也许管仲考虑这件事有失误；我虽然笨，但这件事处理得很可能是正确的。"

（邵家朋）

中流砥柱

【解释】砥柱：石名，在河南省三门峡东面，屹立于黄河激流中，形状像柱子，所以得名。后来比喻坚强有力并能起支柱作用的重要人物或集体。

【出处】《晏子春秋·内篇谏下》："吾尝从君济于河，鼋衔左骖（cān，古代指驾在车辕两旁的马），以入砥柱之中流。"

1. 齐国有一个勇士叫古冶子，善于游泳。有一次，他跟随齐景公横渡黄河。当他们的船航行到河中心时，突然一只巨鼋咬住了系在船边的马，并把它拖了下去，钻进了河中间水流湍急的砥柱石之下。

2．一见这个阵势，全船的人都吓傻了。这时，古冶子纵身一跃，跳进了激流。他潜到水下，顶住逆流，在水中潜行了一百多步，又顺着水流追赶了九里，才抓住那只大鼋。

3．古冶子用随身佩带的短刀杀死了大鼋。他左手抓着马的尾巴，右手提着大鼋的头，像仙鹤一样跃出水面。渡口上的人都惊讶地张大了嘴巴，纷纷叫喊：“哎呀！河神出来了！”后来，大家仔细一看，原来是那只大鼋的头。

（邵家朋）

诛不避贵

【解释】诛：杀，惩罚。意思是惩罚罪恶时，敢于不避显贵的人。形容在法度之下不分贵贱。

【出处】《晏子春秋·内篇问上》："薄于身而厚于民，约于身而广于世：其处上也，足以明政行教，不以威天下；其取财也，权有无，均贫富，不以养嗜欲；诛不避贵，赏不遗贱；不淫于乐，不遁于哀；尽智导民，而不伐焉；劳力岁事，而不责焉。"

1. 齐景公问晏婴："古代有很多圣明的国君，他们的德行是什么样子的？"

2. 晏婴回答说："圣明的国君是严以律己、宽以待人的；政治清明而不用武力威逼天下；征收钱财不以自己的私欲为准，要看百姓是否交得起；惩罚时不因权贵而免除其惩罚，赏赐时也不忽略平民百姓；对人民多用教化而少用责罚。"

3. 晏婴继续说："治理国家，要使百姓之间不互相伤害；教化人民，要他们友好相处；运用法律要适当，办事要顺从民心；有才能的人当了官不哗众取宠，平庸的人也毫无怨言。全国上下统一思想，百姓活着的时候衣食无忧，去世后将美德传给下一代。如果能做到这些，就是圣明的君主了。"

4. 齐景公一听皱起了眉头，说："这样做实在太难了！我不想这样做。"

5. 见景公不听自己的劝告，晏婴又说："您既然要做一个明君，就要改正自己的不足。现在咱们国家的赋税很重，做买卖的相互欺诈，您的宫殿里堆满了珍宝，百姓却食不果腹，闹得民怨沸腾，这样下去很危险。"

6．齐景公听了，沉思良久，最后下决心说：“好吧！就照你说的办！”于是他下令停止修建宫殿和征发劳役，减轻百姓的赋税；自己洁身自好，不再沉湎于奇珍异宝。全国上下一起行动，百姓互敬互爱。不久，国家的情况就有了好转。

（邵杰）

邹缨齐紫

【解释】邹缨：春秋时期邹国国君系在脖子上的帽带。齐紫：春秋时期齐国国君穿的紫色服装。比喻上行下效。

【出处】《韩非子·外储说左上》："齐桓公好服紫，一国尽服紫，当是时也，五素不得一紫，桓公患之，谓管仲曰：'寡人好服紫，紫贵甚，一国百姓好服紫不已，寡人奈何？'管仲曰：'君欲止之，何不试勿衣紫也？谓左右曰：吾甚恶紫之臭。于是左右适有衣紫而进者，公必曰：少却，吾恶紫臭。'……邹君好服长缨，左右皆服长缨，缨甚贵，邹君患之，问左右，左右曰：'君好服，百姓亦多服，是以贵。'君因先自断其缨而出，国中皆不服长缨。"

1. 齐桓公特别喜欢穿紫色的衣服，全国百姓也都穿上了紫色的衣服。紫色的布料价格上涨，五匹生绢也换不到一匹紫色的布。齐桓公十分忧虑，不知道该怎么办。

2. 一天，相国管仲来见，齐桓公对他说：“最近，百姓都喜欢穿紫色的衣服，紫色衣料特别贵，价格一个劲儿地上涨，可是他们仍然争相购买，这可怎么办？”管仲看着桓公身上紫色的衣服，笑了：“国君您是不是特别喜欢穿紫色的衣服？”齐桓公说：“是啊！”

3．管仲说："想要制止这种情况，您自己先要试着不穿紫色的衣服。您可以对身边的人说，您非常厌恶紫色的衣服。要是您碰到您身边穿紫衣服的人，就对他说：'稍微退后一点，我厌恶紫色衣服的气味。'"

4. 齐桓公按照管仲说的去做了。果然，过了几天，宫中的侍从们没有人穿紫衣服了。又过了一阵子，国中的百姓也没有穿紫衣服的了，布料市场又恢复了往日的平静。

5．邹国的国君喜欢佩戴长长的帽带，他周围的侍从也跟着用上了长长的帽带，长帽带的价格一路高升，邹国国君非常担忧，就向身边的侍从询问解决的办法。

6. 侍从说："您自己喜欢佩戴长长的帽带，百姓也跟着佩戴，因此才会出现长帽带价格上涨的情况。"

7. 邹国国君于是将自己的帽带割断，然后到外面出巡，民众们看见国君不再佩戴长帽带了，大家也就不再佩戴了。

（邵杰）

尊贤尚功

【解释】是姜太公建立齐国时的用人政策。指举贤任能，唯才是举。也指尊重有才能的人，按照实际的政绩使用干部。

【出处】《吕氏春秋·长见》：“相谓曰：‘何以治国？’太公望曰：‘尊贤上（同“尚”）功。’周公旦曰：‘亲亲上恩。’太公望曰：‘鲁自此削矣。’”

1. 周武王灭纣以后，把姜太公封到了齐国，把周公旦封在了鲁国。有一天，周公旦问姜太公：“你怎样治理国家？”姜太公回答说：“尊重人才，奖赏有功之臣。”姜太公问周公旦：“你怎样治理国家？”周公旦回答说：“按照周朝的礼仪，实行尊尊亲亲。”

2. 姜太公尊贤尚功的方针，重点是“六守”、“八征”、“六不用”的人才理论。所谓“六守”，指的是选拔人才时，从仁、义、忠、信、勇、谋六个方面来进行考察。也就是说，这六个方面是齐国考察人才的标准。

3. 所谓“八征”，就是齐国考察人才的八种方法，即通过交谈问话、辩论、财物诱惑、女色诱惑、处理危难艰险、喝酒饮宴等方法全面了解人才的品德和能力。

4．所谓“六不用”，就是姜太公认为有六种人不可任用，即：奸佞之徒、诈取名誉者、假公济私者、互相拆台者、结党营私者、嫉贤妒能者。

5. 尊贤尚功把用人的着眼点放在贤能和功绩上，增加了选拔人才的广泛性，保证了执政者的能力，从而保证了国家的强大。

（邵家朋）

坐而论道

【解释】论道：谈论道理、学说、主张。坐着空谈大道理。指口头说说，不见行动。

【出处】《考工记》："国有六职，百工与居一焉。或坐而论道，或作而行之，或审曲面埶，以饬（chì，整顿、使整齐）五材，以辨民器，或通四方之珍异以资之，或饬力以长地财，或治丝麻以成之。坐而论道，谓之王公；作而行之，谓之士大夫；审曲面埶，以饬五材，以辨民器，谓之百工；通四方之珍异以资之，谓之商旅；饬力以长地财，谓之农夫；治丝麻以成之，谓之妇功。"

1.《考工记》是春秋战国时期一部关于手工业技术的著作，由齐国稷下学宫的学者编写而成，记述了齐国官营手工业各个工种的设计规范和制造工艺，具有齐国官书的性质。

2.《考工记》中说：国家有六类职业，百工是其中的一种。那些坐下来考虑、讨论治国安民策略的，是王公。

3．那些具体负责贯彻执行国家政策的人，就是士大夫。

4. 审视各种材料的曲直方圆，将各种材料加工成百姓日常使用的各种器具的，就是百工。

5. 使各地的珍品异物通过一定的方式流通起来，给需要它们的人提供方便的，就是商旅。

6. 勤奋耕作，使土地上生长出粮食而提供给人食物的，是农夫。

7. 制作丝麻，将其纺织成布料，并将它们缝制成衣服的，称为妇功。

8.《考工记》较为详细地讲述了木器制作、金属器制作、皮革制作等技术要点，是中国目前所见年代最早的手工业技术文献，在中国科技史、工艺美术史和文化史上都占有重要地位。

（邵杰）

后 记

临淄成语典故被列入省级非物质文化遗产名录，是全省乃至全国的珍贵资源，是先祖思想的凝聚、智慧的结晶，是民族文化的重要组成部分，也是我们精神花园中的一朵奇葩。将这些祖先留给我们的精神财富直观、生动地展示出来并传承下去，是一项光荣而艰巨的任务，也是我们义不容辞的责任。正是基于以上认识，我们决定出版此书，希望更多的人了解这些成语典故的出处、含义和对今天的昭示意义，从而更加自觉地保护我们优秀的民族文化。

在对临淄成语典故的史料进行认真考证的基础上，我们充分吸收了全区专家、学者的意见，对资料作了进一步的整理、修改、归纳，投入编纂。本书从文字和书画的创作到编辑、出版，历时一年。其间，得到了临淄区齐文化研究社专家们的大力支持与厚爱，他们提出了许多宝贵的意见和建议，为本书的顺利出版付出了大量心血。中共临淄区委书记、区人大常委会主任毕荣青，区人民政府区长宋振波一直关注此书的进展状况，并在百忙之中抽出时间为本书作序。值本书出版之际，我们向为编纂此书付出努力的所有领导、专家和工作人员致以最诚挚的谢意！

本书的编纂，虽然编委会成员付出了辛勤的劳动，但是由于时间紧迫，同时限于编纂人员的学识和能力，错误之处在所难免，殷切盼望得到专家及读者的批评与指正，我们不胜感激！

《临淄成语典故》编纂委员会

2011年12月

图书在版编目(CIP)数据

临淄成语典故/《临淄成语典故》编纂委员会编．—济南：齐鲁书社，2011．12

ISBN 978-7-5333-2556-5

Ⅰ．①临… Ⅱ．①临… Ⅲ．①汉语—成语—典故—淄博市 Ⅳ．①H136．3

中国版本图书馆 CIP 数据核字(2011)第 252153 号

临淄成语典故

《临淄成语典故》编纂委员会 编

出版发行 齊魯書社

社　　址 济南市英雄山路 189 号

邮　　编 250002

网　　址 www．qlss．com．cn

电子邮箱 qlss@ sdpress．com．cn

印　　刷 山东人民印刷厂泰安厂

开　　本 787 × 1092/16

印　　张 47

插　　页 4

版　　次 2011 年 12 月第 1 版

印　　次 2011 年 12 月第 1 次印刷

标准书号 ISBN 978-7-5333-2556-5

(上、下册)定价 **368．00 元**
